Chris Baca

Ein Dorf wie viele andere

Bis auf seine Eigenheiten

Ein rheinländisches Memoir

AF288341

Chris Baca

EIN DORF WIE VIELE ANDERE

Bis auf seine Eigenheiten

Ein rheinländisches Memoir

EIFELER LITERATURVERLAG 2025

Die Namen der aufgeführten Personen sind frei erfunden. Die Örtlichkeiten und Ereignisse sind relevant, haben jedoch namentlich keine Bedeutung.

Impressum

1. Auflage 2025
© Eifeler Literaturverlag
In der Verlagsgruppe Mainz

Alle Rechte vorbehalten
Printed in Germany

Eifeler Literaturverlag
Verlagsgruppe Mainz
Süsterfeldstraße 83
52072 Aachen
www.eifeler-literaturverlag.de

Gestaltung, Druck und Vertrieb:
Druck & Verlagshaus Mainz
Süsterfeldstraße 83
52072 Aachen
www.verlag-mainz.de

Abbildungsnachweis (Umschlag):
https://www.rheinhunsrueck-bild.de/detail/heuern-
te1051831008.html

ISBN-10: 3-96123-098-6
ISBN-13: 978-3-96123-098-3

INHALT

KAPITEL 1: EIN DORF WIE VIELE ANDERE

Es war ein Dorf wie viele andere – bis auf seine Eigenheiten. Ein rein katholisch geprägtes Dorf im Rheinland mit vielleicht fünfzehnhundert Einwohnern. Mit ein paar unspektakulären historischen Relikten wie ein offener Bach, der mal als Teil eines Schutzsystems gegen fremde Eindringlinge gedient hatte, später als Antrieb für eine Mühle; eine richtige Villa mit Park im Privatbesitz; ein ehemaliges Militärhospital, von den Einheimischen »Lazarett« genannt; aus politischen Anlässen an markanten Stellen gepflanzte Lindenbäume, darunter Bänke, hauptsächlich von Dorf-Opas genutzt; ein Heiligenhäuschen am Fronleichnam-Prozessionsweg. Im Ortskern eine richtig alte, von einer ursprünglichen Art Burg um- und ausgebaute Kirche, urkundlich vor ungefähr achthundert Jahren erstmals erwähnt. Drumherum zwei Gasthäuser.

Der Zweite Weltkrieg war vorbei, die Amerikaner hatten ihre Besatzungszone an die Franzosen übergeben und es passierte schon mal, dass noch kleine und große, in Tarnfarbe bemalte und abgasstinkende Militärfahrzeuge ratternd und Aufsehen erregend über das bucklige Kopfsteinpflaster durch die engen Straßen fuhren. Zum Schrecken der Erwachsenen und zur Neugier der Halbwüchsigen. Die Kleinen klammerten sich verängstigt an die vom Radau alarmierten Mütter, Omas und Opas. Junge Väter gab es nicht mehr so viele. Sie waren im Krieg geblieben. Gefallen, vermisst oder noch nicht aus der Gefangenschaft zurückgekehrt. Fast alle Familien waren in irgendeiner Form betroffen. Das Dorf schien grau, es roch muffig nach zerbombten Häusern und dem vielen herumliegenden Schutt. So auch in den Städten, die es teilweise noch heftiger getroffen hatte. Es gab wenig Blumen, dafür blühten der Schwarzmarkt und die Tauschgeschäfte. Die Gesichter der Leute wirkten abgekämpft und leer. Kaum mal war launige, farbige Kleidung zu sehen. Die Alten gingen immer schon oft in Schwarz. Und zwar nicht nur bei festlichen Anlässen und Beerdigungen. Ab und zu sah man Frauen, die mal eine Pause von der Hausarbeit einlegten und mit abgetragenen, ausgeblichenen Kittelschürzen vor dem Haus standen und Ausschau hielten, ob vielleicht eine Nachbarin auch auf der Suche nach Neuigkeiten war. So konnte man sich gut von Haus zu Haus unterhalten, bevor es wieder zurück in die Küche ging. Die Wohnzimmer wurden häufig geschont, die Polstermöbel schon mal mit Decken gegen Staub geschützt, und bei Kälte wurde in diesen Zimmern nur an großen Feiertagen, wie zum Beispiel Weihnachten, geheizt. Es gab Wichtigeres zu tun als an die zwar schönen, aber zu dieser Zeit banal wirkenden Dinge zu denken. Die Schäden waren ringsherum präsent, körperlich und seelisch.

Das Spülwasser wurde mancherorts wie gewohnt aus dem Fenster in die Straßenrinne gekippt, und zufällig Vorbeigehende mussten sich mit einem Sprung vor der schmutzigen Brühe retten. Heringe legte der Lebensmittelhändler im Hof vor dem Laden selbst ein, man konnte dabei zusehen. Die Dorfälteste, welche auf einhundert Jahre geschätzt wurde, soll sich hauptsächlich von trockenem Schwarzbrot, Pellkartoffeln und Salzheringen ernährt haben. So wurde jedenfalls gemunkelt. Die zwei, drei Kramläden, die es gab (auch Tante-Emma-Läden genannt), boten alles Wichtige an, das man zum Leben brauchte: Lebensmittel, Schreibzeug, Dinge für den Haushalt, ein paar Textilien, Kurzwaren. Letzteres waren Artikel wie Druckknöpfe, Reißverschlüsse, Kordel, Nähzeug. Dann gab es noch sogenannte Kolonialwaren. Das waren besondere Spezialitäten aus fernen Ländern: Tabak, Kakao, Kaffee, Tee und einiges mehr. Süßigkeiten für die Kinder gab es kaum. Ein paar Drops bedeuteten schon großes Kinderglück. Ersatzweise genoss man es, ganz wenig von dem kostbaren Zucker aufs Margarinebrot zu streuen. Lecker! Große, schwere, zum Verzehr ungeeignete Eisstangen wurden herangekarrt, um den so unverzichtbaren Nahrungsmitteln bei Wärme ein wenig das Überleben zu verlängern oder aber, um die in der Stube oder manchmal aus Platzgründen sogar im Hof aufgebahrten Leichname noch ein wenig frisch zu halten.

Bäcker, Metzger, Schreiner, Klempner: Wichtige Berufe und einheimische Kleinbetriebe, die dringend in der Aufbruchszeit benötigt wurden.

Ein adrett aussehender, freundlicher Mann, der sich etwas anders bewegte und äußerte, als man es von den Norm-Männern gewöhnt war, wurde hinter vorgehaltener Hand als »Schnucki« bezeichnet. Biologische Zusammenhänge waren weitgehend unbekannt oder wurden schlicht verdrängt. Es war eine der Tabuzonen.

Als es wegen der Zeitnähe des Kriegsendes und dem Anblick der vielen Zerstörungen möglich war, das Down-Syndrom eines Kindes bei Nachfragen aus falschem Schamgefühl heraus mit: »Das arme Kind ist bei einem Bombenangriff kurzzeitig verschüttet gewesen«, zu erklären. Dieses neu erworbene Wissen wurde dann gerne weiteren Nachforschenden genauso mitgeteilt und die meisten gaben sich mit dieser Erklärung zufrieden. Nur der eine oder andere grübelte, ob das wirklich der Wahrheit entsprach.

Es war die Zeit, als sich Hunger, Trauer, Hoffnung und Überlebensfreude vermischten.

Kapitel 2: Ankunft als Flüchtling

Der kleine Wolfgang – genauer gesagt der noch sehr kleine Wolfgang – bekam von alledem nicht viel mit. Er war nach der Flucht mit Mutter Inge aus Oberschlesien in diesem kleinen Dorf im Rheinland erst einmal bei Verwandten untergekommen. Er kannte, wenn man es mal so reduziert ausdrücken will, keine andere Welt als die ihn umsorgende Mutter. Sein Vater – Walter – war als Lehrer und Nazigegner vom Rheinland nach Schlesien strafversetzt worden. Er hatte sich dort in Inge verliebt und sie geheiratet. Dann wurde er kurzerhand zum Militär eingezogen und schon bald in Russland als vermisst gemeldet. Dabei blieb es leider und er konnte seinen neugeborenen Sohn nicht mehr kennenlernen.

Von der Flucht selbst hatte das Kind nichts mitbekommen, es war ja noch viel zu klein.

Inges Schwiegervater Josef hatte dafür gesorgt, dass sie und Wolfgang nach der Flucht erstmal im Elternhaus ihres vermissten Mannes unterkamen. Die den Einheimischen vom Sehen her völlig fremden Menschen, die plötzlich als Flüchtlinge auftauchten, wurden zwar mit der gegenüber Unbekannten angeborenen Skepsis und Neugier, aber trotzdem freundlich aufgenommen. Dieses unsichere Verhalten war ja durchaus verständlich. Der rheinische Teil der Familie hatte die junge, aus Schlesien stammende Inge nur mal bei einem kurzen Besuch anlässlich eines Heimaturlaubs von Walter kennengelernt. Bis dahin hatte sich der Kontakt lediglich aufs Briefeschreiben beschränkt.

Hier in der neuen Unterkunft, in Walters Elternhaus, gab es den strengen und gleichzeitig gütigen Großvater Josef, für den es selbstverständlich war, der Frau und Walters kleinem Sohn eine vorläufige, sichere Bleibe zu geben. Er verdiente seinen Unterhalt neben ein wenig Feldarbeit hauptsächlich durch einen kleinen Verkaufsladen.

Seine eigene Frau, also Wolfgangs Großmutter, war schon lange tot.

Dann lebten im Haushalt noch Onkel Erich, ein Bruder des im Krieg vermissten Vaters, und seine Frau Helga. Ihre beiden Jungs, die ein paar Jahre älter waren als Wolfgang, waren für den kleinen Mitbewohner als Spielkameraden nicht so richtig geeignet. Übrigens kam später noch eine überraschend spätgeborene Cousine hinzu. Für die aus dem Osten geflüchteten Neuankömmlinge war schnell ein Zimmer im ersten Stockwerk hergerichtet worden, und in der Wohnküche, wo gekocht, gegessen und gewohnt wurde, mussten dann alle etwas zusammenrücken. Um den Umgang miteinander leichter zu machen, bemühte sich Inge kräftig, sich den Sitten und Gebräuchen der Familie anzupassen, ohne die schlesischen Wurzeln zu vergessen. Keine leichte Aufgabe für die junge Witwe; schon allein der fremde Dialekt machte ihr lange zu schaffen und führte zu einigen Missverständnissen.

Das bei den Katholiken selbstverständliche tägliche Tischgebet vor und nach dem Mittagessen wurde jeweils vom Großvater in Gang gesetzt. Ansonsten war während der Mahlzeit absolutes Schweigen das Gebot. Danach erst durfte sich wieder unterhalten werden.

Den ständig im Käfig auf dem Fenstersims hin und her hüpfenden Kanarienvogel störten diese Rituale gar nicht. Er wartete förmlich darauf, dass wieder drauflosgeplappert wurde. Immer nur auf die Stundenschläge der an der Wand hängenden, tiefbraunen Pendeluhr zu warten, war ja auch nicht so aufregend, denn der tiefe Klang konnte ihn ganz und gar nicht animieren. Interessanter für den gelbgrünen Sänger war dann eher das hellklingende, wiederkehrende Gebimmel der Ladenglocke im Raum nebenan. Denn dort, von der Wohnküche nur durch eine mit einem Glasfenster versehene Tür getrennt, befand sich der kleine Verkaufsraum, in welchem nur bedient werden musste, wenn ein Käufer ihn betreten und sich durch das Glöckchenläuten bemerkbar gemacht hatte.

Mittendrin in diesem ganzen Gebilde bewegte sich der kleine Wolfgang. Diejenigen, die ihm drinnen und draußen begegneten, sahen nur das arme, bemitleidenswerte Flüchtlingskind. Den blonden, offensichtlich guterzogenen, von seiner Mutter sorgfältig gescheitelten, einfach, aber sauber gekleideten kleinen Jungen, der noch nicht begreifen konnte, was die Welt um ihn herum alles verändert hatte. Er nahm es einfach so hin, hatte auch keine andere Wahl. Aber war das nicht großartig? Aus dem eigenen Garten hinterm Haus gab es leuchtende, süße Erdbeeren, Kirschen, Pflaumen, Äpfel, Birnen. Besonders die Himbeeren hatten es ihm angetan.

Seine Mutter konnte begeistert in einen knackigen, saftigen Apfel beißen. So viel schönes, frisches Obst hatte sie in ihrer Heimat Schlesien nicht zu Gesicht bekommen. Da dominierten die Kohlehalden die Obstfelder.

Man befand sich auf dem Land, beschenkt mit Kartoffel-, Obst- und Gemüseanbau. Gelegentlich gab es für Wolfgang sogar etwas Süßes von Nachbarn oder Besuchern. Möglicherweise aus Mitleid. Die meisten hatten seinen Vater – wie in einem kleinen Dorf normal – gekannt.

Die Zeit verging, und der Junge hatte sich inzwischen so weit entwickelt, dass er schon intensiv die nähere Umgebung erkundete. Die Unterhaltung funktionierte in einer sprachlichen Mischung aus Hochdeutsch und Platt (eine Art von Dialekt oder Mundart). Ein Zusammenspiel aus schlesischen und rheinischen Elementen. Die Großen waren mit wichtigen, überlebensnotwendigen Dingen beschäftigt, und der kleine Mann entdeckte langsam die Nachbarschaft, in der die Bauern in ihren Höfen seltsame, neugierig machende Gerätschaften rumstehen hatten.

»Was ist das? Was macht man damit?«, waren die wiederkehrenden Fragen, die, wenn es die Zeit erlaubte, gerne beantwortet wurden.

Es waren einfach Arbeitsmittel für den Ackerbau, die er mit fortgeschrittenem Alter als Egge, Pflug, Heuwender oder Kartoffelernter kennenlernen sollte. Hier im Freien fristete allerdings oft ein Misthaufen sein ödes, stinkendes Dasein. Da wurde mal kurz die Nase gerümpft, aber egal, für das Kind war alles total aufregend. Die Menschen mit den kleinen Höfen beherbergten Ziegen, Hühner, Gänse und Kaninchen. Da durfte er auch schon mal beim Füttern helfen und zur Belohnung die Tiere streicheln. Vielleicht gabs noch eine Katze zum Mäusefangen oder einen Wachhund an einer langen Kette. Bei angebundenen Hunden musste man besonders vorsichtig sein, die nehmen ihre Aufgabe oft ausgesprochen ernst. Die Warnung der Halter musste man unbedingt beherzigen.

Die Leute mit den großen Höfen hatten Ställe mit meist einem Arbeitspferd, mehreren Kühen und Schweinen. Im Stall tummelten sich auch gerne Schwalben, die ihre Nester in die Ecken unter die Decke geklebt hatten und den nervigen Fliegen als leckere Mahlzeiten hinterherjagten. Wenn der Nachwuchs Hunger hatte, sah man die gelben Schnäbel weit aufgesperrt und laut piepend weit über dem Nestrand hängen. Das war doch was für den kleinen Tierfreund. Hier war er auch immer ein gern gesehener, durch sein junges Alter Hoffnung verbreitender Besucher, der die Tiere, die es gefahrlos zuließen, beobachten, streicheln und liebhaben durfte. Er brauchte ja noch nicht wie die Großen richtig zuzupacken. Gucken, fragen, sich was erklären lassen; ein dick geschmiertes Marmeladenbrot und eine Tasse warme Milch, das waren richtige Glücksmomente. Hier verbrachte er gerne seine Zeit. Es gab in der Nähe nicht so viele Gleichaltrige zum Spielen und weiter weg – das konnte die fürsorgliche Mutter nicht dulden. Er war zufrieden und fühlte sich aufgehoben.

KAPITEL 3: DER STURZBACH

Einmal jedoch hatte er Riesenglück. Von pechschwarzen, ein richtiges Dach bildenden, tiefhängenden Wolken und furchterregendem lautem Gewittergrollen angekündigt, bewegte sich in kürzester Zeit rasend schnell ein Sturzbach durch die leicht abschüssige Wohnstraße. Mangels ausreichender Kanalisation gab es überall an den Straßen im Dorf seitliche Abflussrinnen, die aber bei Weitem nicht mehr das sich ansammelnde, auftürmende Wasser aufnehmen konnten, sodass bald die ganze Straße überschwemmt war. Gegenüber des Wohnhauses, also in dem Haus, in dem Wolfgang vorläufig zu Hause war, hatte der Jungbauer Mattes, um überhaupt noch in und aus dem Hof zu kommen, ein langes, stark schwankendes Brett, welches er auf die Schnelle im Schuppen gefunden hatte, über die vollgelaufene Straßenrinne gelegt. Wolfgang hatte es geschafft, sich trotz strömenden Regens klammheimlich aus dem Haus zu schleichen, um gegenüber bei Tante Greta wie so oft ein leckeres Wurst- oder Marmeladenbrot zu ergattern. Mit klitschnassen Schuhen gelangte er zu dem schnell installierten, hölzernen Übergang, hielt in der Mitte kurz an und wippte fröhlich los, nicht bemerkend, wie gefährlich hoch der gurgelnde Sturzbach mittlerweile angeschwollen war. Und inmitten seiner lustigen Wippaktion auf dem wackligen Steg verlor er plötzlich das Gleichgewicht und tauchte in das wild gewordene Wolkenbruch-Bachbett ein. Für einen Größeren kein Problem, aber für so einen kleinen Kerl?

Mattes, der zufällig einen Blick vom Hof auf die überflutete Straße warf, sah nur noch eine Wollmütze wegschwimmen, raste hinterher, griff danach und erwischte im letzten Moment das sich unter der Mütze befindende, kleine, schnell abdriftende Geschöpf.

»Um Gottes willen! Ein kleines Kind!«

»Aber … das ist doch der Wolfgang von gegenüber! Glück gehabt! Mehr als Glück gehabt! Verdammte Kiste!«

Er schleppte den weinenden Knirps auf die andere Straßenseite zu seiner in große Panik geratenen Mutter und den anderen, mittlerweile aufmerksam gewordenen Leuten, die sich schützend um ihn scharten und das gerettete Opfer dann mit kaltem Wasser vom vielen matschigen Treibsand, den der wild gewordene Bach die ganze Straße runter mitgenommen hatte, befreiten.

»Hoffentlich eine Lehre für weitere, übermütige Abenteuer«, meinten einige der dazugekommenen Alten.

»Aber er ist doch noch so klein«, kommentierten andere.

»Hauptsache, es ist noch einmal gut gegangen!«

Mutter Inge war so fertig, dass sie gar nichts mehr sagen konnte.

Alle waren heilfroh, den jungen Menschen vor dem möglichen Ertrinken gerettet zu haben und bedankten sich überaus herzlich bei dem aufmerksamen Nachbarn Mattes, der glücklicherweise trotz des grausamen Unwetters zufällig mal rausgeschaut und damit das Richtige getan hatte. Ich glaube nicht, dass Wolfgang noch lange an diese Rettungsaktion dachte. Erst Jahre später wurde ihm durch Schilderungen bewusst, welch Riesenglück er damals gehabt hatte. Es gab in der näheren Umgebung noch so viel Neues zu entdecken und zu erkunden. Er wurde liebevoll umsorgt, hatte immer guten Appetit, und wuchs und gedieh.

KAPITEL 4: DIE GROßELTERN

Es war eine harte, große Opfer verlangende Nachkriegszeit. Aber was blieb einem übrig? Man arrangierte sich mit den Dingen und versuchte, das Beste daraus zu machen.

Oma Maria und Opa Willi, die Großeltern, die zusammen mit Wolfgang und seiner Mutter Inge geflüchtet waren, hatten im selben Ort, Gott sei Dank, eine eigene, bescheidene Unterkunft gefunden. Oma war gelernte Schneiderin und konnte sich durch Näharbeiten vor Ort bei den Bauern sozusagen über Wasser halten. Ihre Rente und die ihres Mannes war verdammt knapp. Sie bekam dann irgendwann aber endlich eine eigene, alte und etwas klapprige Singer Nähmaschine, die beim Niedertreten des Pedals – das nannte sich Fußantrieb – einen ganz schönen Radau machte und in der eigenen Wohnung hinter den dünnen Wänden gelegentlich die Nachbarn nervte. Am schlimmsten war es, wenn zwar selten, doch hin und wieder, eine Bekannte, die ebenfalls aus Schlesien geflüchtet war, auftauchte, und sich Omas Maschine kurz auslieh. Also im kleinen Wohnzimmer der Großeltern malträtierte. Man half sich gegenseitig, so gut es ging. Diese Frau namens Dora schien das Nähen wohl besonders gut machen zu wollen und hämmerte wie besessen und mit Affentempo mit ihren hochhackigen Schuhen auf dem Pedal herum und verdoppelte damit den Lärm eines normalen Nähvorgangs. Oma und Opa verdrehten die Augen und die Nachbarn taten sich danach für eine Weile mit dem Grüßen schwer. Na ja, Oma wollte halt Entgegenkommen zeigen. Von Flüchtling zu Flüchtling.

Jedenfalls konnte Oma auch für sich selbst und die Angehörigen das ein oder andere neu nähen oder flicken.

Wolfgang trug aber auch gebrauchte Kleidung, die Oma von den Bauern für ihren Enkel geschenkt bekam, weil sie deren größeren Kindern nicht mehr passte; mal eine kurze Hose, mal ein Hemd oder einen Pullover. Und sie machte dann alles mit ein paar Stichen passend. Sogar einen kleinen, blaugestreiften Schlafanzug mit schwarzen Knöpfen hatte sie dem Enkel für sein Lieblingskuscheltier, einen struppigen Teddy, genäht. Es war dann auch sein geliebter ›Struppi‹.

Wolfgang freute sich ebenso über neue Schuhe, die er von freundlichen Leuten geschenkt bekam. Schuhe, die für ihn zwar neu waren, aber natürlich gebraucht und in den seltensten Fällen so richtig passten. Einmal war es damit besonders schlimm. Während eines Spaziergangs mit Opa Willi drückten die geschenkten Treter bei jedem Schritt mehr und mehr. Es war kaum noch zum Aushalten. Aber es half kein Jammern. Opa, der das Gezeter langsam satthatte, wusste sich nicht anders zu helfen, als alte Geschichten vom ersten Weltkrieg auszugraben. Und obwohl er normalerweise ein milder und freundlicher Opa war, bestand er gnadenlos darauf, dass ein richtiger Junge sowas einfach aushalten müsse.

»Im Krieg ist das bei den langen Märschen ständig passiert! Da haben wir manchmal sogar in die Stiefel reingepinkelt, damit das Leder weicher wurde. Also nicht lange lamentieren, sondern einfach weiter!«

Das mit dem Reinpinkeln verstand der gequälte Wanderer nun überhaupt nicht, und er schüttelte sich vor Ekel: »Igitt! So eine Sauerei! Und das soll helfen?«

»Ich denke schon«, antwortete Opa, leicht verunsichert. »Und jetzt nicht groß darüber nachdenken, sondern los!«

Aber das ganze Gerede half nicht. Es ging mit den fremden Schuhen einfach nicht mehr voran. Wolfgang zog die verfluchten Dinger aus und schleppte sich mit blutenden Zehen barfuß zurück. Die Mutter erkannte schnell das Problem und beruhigte ihren Sohn in dem Bewusstsein, dass auch dieser Zustand letzten Endes dem elenden Krieg zuzuschreiben war.

»Ich mache Wasser warm und du stellst deine Füße für eine Weile in die Schüssel. Das wird denen guttun. Morgen schau ich mal, ob wir nicht doch Schuhe finden, die dir nicht zu eng sind«, sagte sie ihm aufmunternd ins Gesicht und drehte sich schnell traurig um.

Aber was war mit dem Opa los? Vielleicht hatten ihn schreckliche Erinnerungen eingeholt und er war einfach mit der Situation überfordert. Dieser Vorfall war in Wolfgangs Kopf ziemlich lange hängengeblieben. Wie konnte der sonst so liebe Opa nur …? Keine Ahnung.

Die mittlerweile ausgeweiteten Erkundungen in der Nachbarschaft gingen weiter. Es gab ja so viele spannende Dinge zu entdecken.

Es war Ostern. Schnell hatte Wolfgang gelernt, dass sich die geschenkten Ostereier von Tante Christa und Onkel Herbert – die Erwachsenen aus der Nachbarschaft waren damals für die Kinder alles Tanten und Onkel – viel besser in einem kleinen Rucksack nach Hause tragen ließen als sie auf den kleinen Händen mühsam zu balancieren. Denn bei dieser holprigen Technik kam es schnell zu Eierunfällen. Die Idee mit dem Rucksack konnte er gewinnbringend weiter verwerten. Er marschierte nämlich jetzt auch direkt mit dem Rucksack auf dem Rücken zu den anderen umliegenden Bauernhöfen und siehe da: es lohnte sich. Wenn der Rucksack voll war mit hartgekochten, bunten und teilweise mit Zwiebelschalen gefärbten Eiern, konnte man ihn zwischendurch ja schnell nach Hause tragen, auspacken und neue Versuche starten, um ihn zu füllen. So hatte er ein richtiges Oster-Erfolgserlebnis und war vollgestopft mit hartgekochten Eiern und Schokoladen-Hasen. Wohlgemerkt, nicht nur der Rucksack, sondern auch der kleine Magen. Dass die Ostereier-Völlerei in Kombination mit viel Schokolade einen bremsenden Einfluss auf seinen Verdauungstrakt bewirkten, merkte er dann später.

Kapitel 5: Kommunikationszentren

Mittlerweile konnte man dem Jungen auch schon kleine Aufgaben zutrauen. So drückte Onkel Erich ihm ein paar abgelatschte braune Schuhe unter ein Ärmchen und schickte ihn damit zwei Häuser weiter zum Dorfschuster.
»Der sieht dann schon, was gemacht werden muss«, sagte er nur.
»Du weißt doch bestimmt, wo der Schuster wohnt? Auf dieser Straßenseite. Das zweite Haus rechts!«
Es handelte sich bei den Schuhen unverkennbar um die mit den stark abgelaufenen Absätzen. Wolfgang machte die paar Schritte zu der – von allen so genannten – Schusterbude. Aber nach dem kurzen, dreistufigen Treppenaufgang im Innenhof gelangte er an die etwas offenstehende und stark in die Jahre gekommene blassgraue Eingangstür und sah beim Reingehen erstmal nichts. Und zwar gar nichts. Die Bude war vom Zigarren- und Pfeifenrauch dermaßen vollgequalmt, dass er fast nur hineinstolperte, zusätzlich von einem schmalen Sonnenstrahl stark geblendet, der in dem verdreckten Fenster gegenüber tatsächlich eine winzige, fast saubere Öffnung gefunden hatte, um diese zu durchdringen. Es hockten, soweit er das in dem stinkenden Nebel erkennen konnte, so drei, vier Männergestalten auf wackligen Stühlen und murmelten in einem ihm noch unverständlichen Dialekt, zusätzlich erschwert durch die in den Mündern herunterhängenden Zigarren und Pfeifen. Vielleicht waren die Zähne vom Qualmen genauso wacklig und gelbbraun wie die harten Stühle, auf denen sie saßen? Den umherwabernden speziellen rheinländischen Dialekt, von den Einheimischen kurz und bündig ›Platt‹ genannt, musste er noch lernen. Er hielt dem Schuster, der an seinem Hammer in der Hand, den Nägeln im Mund, seinem kleinen Amboss und seiner verschmutzten Schürze fast als einziger in dem Nikotinnebel deutlich zu erkennen war, nur die Schuhe unter die

Nase und ... er brauchte gar nichts zu sagen. Der Meister wusste offensichtlich direkt Bescheid. Es schien so, als ob er die Schuhe schon persönlich kannte.

Das, was der Junge noch nicht wissen konnte und was ihn auch nicht interessiert hätte: Die Schusterbude war in dem Dorf, neben Kirche und Wirtshaus, ein weiteres, wichtiges Kommunikationszentrum. Hier sprach man in der Hauptsache über Dorfangelegenheiten:

»Habt ihr gehört, die Lisbeth ist schon wieder schwanger.«

»Was? Das sieht man ihr aber gar nicht an!«

»Ist aber so!«

»Übrigens, der Kirchenchor hat bald sein Jahreskonzert. Ist jemand von euch dabei?«

»Weiß noch nicht genau, wir müssen erst die Kartoffeln raffen, vielleicht hauts ja zeitlich noch hin!«

»Ja, ja, alles nicht so einfach. Die liebe Arbeit.«

Das alles kam bei dem noch sprachlich ungeübten Flüchtlingskind, mit dem sich seine Mutter zu Hause nur auf hochdeutsch unterhielt, lediglich als auf ›Platt‹ gesprochene Wortfetzen an. Den Rest konnte er gedanklich in etwa hinzureimen. Auch die in den Mündern hängenden Qualmerzeuger dämpften die Verständlichkeit.

Wichtiger Gesprächsstoff waren auch immer die Neuigkeiten, die der sogenannte Dorfausrufer lauthals mitgeteilt hatte. Ein Gemeindediener, der, wenn es was Wichtiges für die Bewohner zu berichten gab, durch die Straßen lief und sich als Erstes mit einer kräftigen Glocke bemerkbar machte. Dann wartete er kurz, bis ein paar Leute die Nase rausstreckten, und jetzt konnte er mit seiner kräftigen Stimme die Verkündung starten. Hoffentlich fuhr nicht gerade ein Traktor oder eine andere lärmende Maschine vorbei, denn dann musste er eine Pause einlegen oder notfalls nochmal von vorne anfangen, was er mit giftigem Blick und leisem Fluchen begleitete. Erst Jahre später leistete sich die Gemeinde an geeigneten Punkten angebrachte Lautsprecher, die den Dienst des Ausrufers quäkend und nicht selten abgehackt übernahmen, eingeleitet durch ein kräftiges Knackgeräusch. So zum Beispiel: »Bitte alle mal herhören. Es spricht der Gemeindediener. Im Auftrag unseres Bürgermeisters teile ich mit, dass nächste Woche am Dienstag das Wasser von circa acht bis elf Uhr vormittags abgestellt wird. Könnte notfalls auch etwas länger dauern. Es geht leider nicht anders wegen wichtiger Reparaturarbeiten. Also bitte dran denken und etwas Vorrat in Gefäße füllen. Übrigens auch nachzulesen an der Aushangtafel neben dem Gemeindeamt. Dann wünsche ich jetzt noch einen schönen Tag.«

Schnell tauchte die Frage auf, ob diese Modernisierung wirklich eine Verbesserung gebracht hatte. Man war geteilter Meinung.

»Ein bisschen Modernisierung kann wohl nicht schaden.«

»Ja schon, wenn nur die Technik besser funktionierte.«

Weitere Kommunikationszentren waren die Kirche und die zwei dicht daneben liegenden Gasthäuser.

Die im gotischen Stil erbaute katholische Kirche lag mitten im Ortskern und war, da sie noch aus dem fünfzehnten Jahrhundert stammte, schon etwas Besonderes. Vermutlich war der Grundstein sogar noch viel früher gelegt worden. Man spricht vom zwölften Jahrhundert, was aber nicht mehr so ganz genau zu rekapitulieren ist.

Diese beiden, im Mittelpunkt des Ortes gelegenen Lokalitäten, also Gotteshaus und Gasthäuser, dienten neben ihren Hauptzwecken, nämlich die Kirche für die geistliche Erbauung und die beiden Gasthäuser für das Nachfüllen des Magens und angenehme Unterhaltung, auch weiteren, bedeutsamen Dorfangelegenheiten. In der Kirche gab es die gute Möglichkeit, zu kontrollieren, wer seinen christlichen katholischen Pflichten regelmäßig nachging, wer sich durch Zurückhaltung beim Tuscheln während des Gottesdienstes selbst zu disziplinieren wusste, und darüber nachzugrübeln, wem eigentlich ein gelegentlich auftauchendes fremdes Gesicht zuzuordnen war. Nicht zu vergessen das Ausschauhalten nach der aktuellen Mode. Das war traditionsgemäß besonders effektiv am zweiten November, dem auf Allerheiligen folgenden Tag Allerseelen. Der Stichtag für die Vorführung der neuen Winterkollektion der Damenwelt. Und zwar bei der feierlichen Prozession zum außerhalb des Dorfes gelegenen Friedhof. Selbst wenn das schöne, fast sommerliche Wetter eine eher leichte Bekleidung erfordert hätte. Aber die Tradition war stärker.

Sonntags, wenn generell die meisten Kirchenbesucher anwesend waren, hatten nach dem letzten Amen, begleitet von einem kleinen Glockengebimmel, auch die Gasthäuser kurz danach viel zu tun. Neben dem üblichen Wirtshausbetrieb gab es nämlich noch eine weitere, wichtige Funktion. Die Kneipen waren an diesem kirchlich verordneten Ruhetag eine Art Männerwartezimmer mit Umtrunk. Ein gemütlicher, durststillender, ritueller Aufenthalt. Allerdings spätestens eine Stunde nach dem Kneipenbesuch wurde öfter auf die Uhr geschaut. Die Frauen dieser Herren waren nämlich gewohnheitsgemäß unmittelbar nach Beendigung der Messe nach Hause geeilt, in der Hoffnung, dass der in der Röhre schon schmorende Sonntagsbraten die richtige Stufe erreicht hatte. Wenn noch nichts vorbereitet war und die Zeit davonrannte, gerieten die Ärmsten schon fast in Hektik, denn die alkoholgestärkten Männer wollten zur ausgemachten Zeit pünktlich den duftenden Braten auf dem Tisch haben. Das war die Tradition, zumindest bei einem Teil der Familien. Ordnung musste sein. Lapidar ausgedrückt: Ein faires Miteinander von Kirche und Welt, von Geist und Körper.

Neben diesen baulich nicht zu übersehenden Lokalitäten im Ortszentrum gab es noch weitere, unterhaltsame Treffpunkte. Wie etwa der Ort für eine dringend notwendige oder einfach wohltuende Erneuerung der Kopfgestaltung: Den Friseur.

Friseurmeister Höfer war noch so richtig vom alten Schlag und bevorzugte den 08/15-Topfschnitt. Einmal ringsherum gleichmäßig die Schere ansetzen, schwätzen, Haare kürzen, schwätzen, den Hals sauber mit einem knatternden Elektroteil ausrasieren, schwätzen und fast schon fertig. Nur noch mit dem Sprühflaschen-Zerstäuber ein bisschen Duft über das Haupt jagen. Gut! Er war nämlich ein reiner Herrenfriseur und man konnte sich damals noch so verkaufen.

»Machen wir`s lang oder kurz? Ich denke, wie immer.«

Diese Abteilung war ruck zuck abgehandelt.

Es gab in dem Laden den *einen* Friseur und den *einen* Friseurstuhl. Einen hydraulischen, mit Fußpedal höhenverstellbaren, drehbaren und fixierbaren Friseurstuhl – von manchen auch Friseursessel genannt – aus Kunststoff, mit vom Leben gezeichneten Chromteilen wie Füßen und Armlehnen. Hierher wurde auch der kleine Wolfgang geschickt, weil auch einige andere Mitglieder der männlichen Verwandtschaft bei Herrn Höfer schon lange treue Kunden waren. Da konnte nicht viel schiefgehen. Aber Wolfgang bekam selbstredend den in der Ecke wartenden Kinderstuhl. Aus dunkelbraunem, abgeschabtem Holz, drehbar wie ein Klavierstuhl, mit halbrunder Rückenlehne und etwas zerrissener Sitzfläche. Die Überreichung eines Fünfzigpfennigstücks zusammen mit einem »Dankeschön« beendete die haarige Angelegenheit. Für die wartende Kundschaft gab es vier eigentlich ausgediente, harte Stühle, auf denen man nicht gerade bequem die Zeit mit Klatsch und Tratsch oder Zeitunglesen verbringen durfte.

Etwas moderner gestaltete der Friseurmeister Kraft seinen Laden. Es gab drei Friseursessel und gelegentlich sogar eine Aushilfe. Der Raum war größer, es gab eine etwas abgegrenzte Warteecke mit dezent gepolsterten Stühlen, und da es sich um einen Herren- *und* Damensalon handelte, war man es gewohnt, nach den speziellen Wünschen der Herrschaften zu fragen. Besonders die Damen hatten sich vorher zu Hause für eine längere Zeit abgemeldet. Die Brenn- und Onduliereisen sowie Lockenstäbe brauchten einfach ihre Zeit, um auf Temperatur zu kommen, und die dreibeinigen, kippgefährdeten Trockenhauben mussten ständig im Blickfeld des Haarkünstlers sein, damit er früh genug den sich steigenden Hitzegrad der Geräte in den Griff bekommen konnte. Etliche Jahre später kam noch ein kleiner, ausschließlich der Damenwelt gewidmeter Salon dazu. Wie es da zuging? Wer weiß …

KAPITEL 6: EIGENES ZUHAUSE

Großvater Josef, als ein im Dorf wegen seines Kramladens und seiner Korrektheit bekannter und geachteter Einheimischer, hatte inzwischen intensiv versucht, für die verwitwete Schwiegertochter Inge und ihren kleinen Sohn endlich ein eigenes Heim irgendwo im Ort zu finden. Keine leichte Aufgabe, wie sich bald herausstellte. Das mit den Flüchtlingen war für die Dorfbewohner einfach eine neue, ungewohnte Situation. Plötzlich tauchten wildfremde Leute auf und die sollte man im eigenen Haus aufnehmen? In Wohnhäusern, die meist nicht für Mietwohnungen mit separatem Eingang konzipiert waren? Sowas kannte man bisher doch nicht. Das konnte einfach nicht gutgehen. Und dann noch Leute aus dem Osten! Sind die ordentlich? Sind die ehrlich? Wieso gerade bei mir? Wieso nicht beim Nachbarn? Lieber mal die Finger davonlassen.

So brachte eine der reichsten Frauen im Ort, eine Alleinstehende in einem komfortablen, großen Haus mit vielen Zimmern und entsprechend Platz, Inge fast zum Weinen mit der folgenden unglaublichen Aussage, unverhohlen mitten ins Gesicht: »Ich kann doch einer Frau, die nichts an den Füßen hat, mit einem Kind, aber ohne Mann, kein Zimmer anbieten. Dabei habe ich Ihren vermissten Mann sogar gekannt. Aber jetzt, in dieser Situation? Wie siehts denn eigentlich mit der Bezahlung aus? Muss ich mich vielleicht noch um Sie und den Kleinen kümmern? Das ist mir alles viel zu unsicher. Tut mir leid! Aber ich wünsche Ihnen jedenfalls viel Glück bei der weiteren Suche.«

Letzteres klang allerdings mehr als unglaubwürdig. Sie wollte einfach weiter ihr ruhiges Leben führen, ohne ein vermeintliches Risiko eingehen zu müssen.

Das wars mal wieder. Andere Versuche waren auch schon gescheitert. Und so wurde weitergesucht, bis endlich am anderen Ortsende ein kleines, direkt an der Straße gelegenes, winziges Zimmer gefunden wurde. Die Hausbesitzerin, eine einfache, herzliche Frau, stellte die Unterkunft gerne zur Verfügung. Die Miete war niedrig und auch für die Flüchtlingsfrau gerade so zu schaffen. Die revanchierte sich dankbar, indem sie immer mal auf den kleinen Feldern der Tante Gertrud, so von Wolfgang angesprochen, beim Bohnen- und Johannisbeerpflücken, Gurkeneinsammeln und ähnlichen Frischlufttätigkeiten half. Da fiel natürlich immer was für den Eigenbedarf ab und für Wolfgang öfter eine Kleinigkeit zum Naschen.

Das Zimmerchen musste für alles Mögliche herhalten: Küche, Wohnzimmer, Schlafzimmer. Toilette auf dem Hof. Ein Beistellbett für den Jungen? Woher nehmen? Und wenn, wohin damit? Da stand nur *ein* Bett, zusammen für Mutter und Kind. Man kann`s heute kaum glauben, aber selbst in diesem kleinen Mehrzweckraum gabs gelegentlich Besuch. Dann wurde ein dünner Muckefuck gekocht und das Bild und der Duft eines richtigen Bohnenkaffees standen wie eine Fata Morgana in der Luft. Der Geruch waberte durch alle Ritzen bis nach draußen. Es war immerhin ein kleiner Lichtblick und machte ein wenig glücklich. Wie zu dieser Zeit üblich, gab es im Hof eine Waschküche, wo die schmutzige Wäsche noch richtig mit der Hand geschrubbt und samstags in einer sogenannten Waschbütt gebadet wurde, wobei heißes Wasser aus dem Inneren des Hauses hergeschleppt werden musste. So kannte man es und war damit zufrieden.

Das Plumpsklo thronte hinten am Hofende, türlos, nur durch eine rechtwinklige Mauerecke abgeschirmt. Im kalten Winter besonders heimelig. Im Haus von Tante Gertrud gab es noch einen alleinstehenden alten und schwerhörigen Onkel, der, wenn es drängte, schnurstracks zum Plumpsklo marschierte und auf Grund seines gestörten Sinnesorgans nicht hörte, wenn einer von weitem »Besetzt« rief. Das hatte auch zur Folge, dass Wolfgang häufig

Wache schieben musste, wenn es die Mutter auf diese Örtlichkeit verschlug. Einmal von dem schwerhörigen Onkel bei dieser Freiluftveranstaltung überrascht worden zu sein hatte ihr gereicht.

Ein wichtiger und sehr zuvorkommender Informant in Angelegenheiten amtlicher Schreiben war für Mutter Inge Herr Nickel. Ebenso ein Flüchtling und ehemaliger Lehrer aus Breslau, der mit seiner Familie auch hier in diesem Dorf gestrandet war. Zum großen Teil kannten sich inzwischen die weiteren, aus dem Osten Geflüchteten und Vertriebenen. Durch Weitersagen, durch Zusammentreffen beim Kirchgang, oder auch durch ab und zu stattfindende Schlesiertreffen. Nicht zu vergessen die unterschiedlichen Mundarten, etwas andere Kleidungsgewohnheiten und Bräuche. Herr Nickel jedenfalls hatte es sich zur Aufgabe gemacht, der jungen Witwe in Sachen unvermeidlicher Bürokratie behilflich zu sein. Wann immer er seinen Spaziergang machte – oft fand dieser sonntags statt – klopfte er an das kleine Parterrefenster und man hörte: »Zuerst mal einen schönen guten Tag. Ich hoffe, es geht Ihnen gut. Ich muss mir mal wieder etwas die Beine vertreten und da dachte ich … Ich habe gerade wieder im Beamtenblatt gelesen, dass …«

Das Fenster wurde geöffnet und dann kamen von draußen verschiedene Tipps betreffend Kriegerwitwenrente und Hinterbliebenenversorgung. Ein äußerst kompliziertes Kapitel, da sich die Gesetze oft änderten und nur noch Leute durchblickten, die selbst Beamte waren und sich ständig mit den Artikeln des Beamtenblattes auseinandersetzten. Aber Herr Nickel war sehr hilfsbereit und freute sich, wenn er der Oberschlesierin mit dem kleinen Sohnemann ein wenig helfen konnte. Hier klappte der Zusammenhalt und ein herzliches Dankeschön reichte dem sympathischen Breslauer, um ihm ein kleines Lächeln ins Gesicht zu zaubern. Ein Glücksmoment auf beiden Seiten. Helfen kann sehr schön sein!

Unmittelbar neben dem neuen Heim wohnte ein jeweils lediges Geschwisterpaar, zu denen sich Wolfgang direkt hingezogen fühlte. Ganz einfache, bescheidene und religiöse Leute, die ihn immer mit großer Herzlichkeit empfingen. Onkel Egon und Tante Lisbeth. Hier war nicht nur das Plumpsklo auf dem Hof, sondern auch noch ein überschaubarer, dampfender Misthaufen von der allein gehaltenen, Milch gebenden Ziege. Ein paar Hühner scharrten im Garten herum, aber noch viel lieber im Misthaufen. Hände wurden meist im Hof gewaschen, unterm tropfenden Wasserhahn, dessen Rohr ziemlich wackelig und kalkumrändert an der Wand hing. Darunter ein alter Auffangeimer. Was fand der Junge in dieser Nachbarschaft bei den für ihn aus seiner Sicht schon ziemlich alten Leuten? Ich denke, es war gerade diese Einfachheit, die Ehrlichkeit, die Bescheidenheit und nicht zuletzt die unverkennbare Freude, dass der kleine Nachbarsjunge immer wieder mal gerne reinschaute. Das Vertrauen basierte auf Gegenseitigkeit.

Es war im Laufe der Zeit Tradition geworden, dass Wolfgang nach dem sonntäglichen, heimischen Mittagessen unmittelbar zu den Nachbarn lief, wo ihn schon eine Markklößchensuppe erwartete, nebst einer großen, nicht zu übersehenden Maggiflasche. Diese Gewürzbrühe wurde dann kräftig zur Geschmacksverbesserung der Sonntagssuppe zugekippt, und nicht zu knapp. Eine wichtige Rolle spielte anschließend der wohlschmeckende Schokoladenpudding, schön kakaofarben und obendrauf mit einer dunkelbraunen, glatten Haut. Dass die Milch nicht von einer Kuh, sondern von der eigenen Ziege stammte, erfuhr Wolfgang erst viele Jahre später. Seltsam, aber wahr:

Nachdem er von der Quelle der Milch und des köstlich schmeckenden Puddings erfuhr, rührte er diesen bis jetzt heißgeliebten Nachtisch schlagartig nicht mehr an. Die lieben Nachbarn konnten das nicht verstehen. Wie auch – sie bekamen von Wolfgang nie eine Erklärung. Er hatte auch keine richtige. Vermutlich war die Ziegenmilch kein würdiger Ersatz für die übliche Kuhmilch? Vermutlich! Übrigens war Onkel Egon großer Fußballspezialist, zumindest rein theoretisch. Wenn er nicht gerade filterlose Zigaretten rauchend in der dunklen Stubenecke saß und der restliche Sauerstoff sich langsam verabschiedete, oder falls er außerhalb mit kleinen Feldarbeiten beschäftigt war, studierte er die Sportseite der Tageszeitung quasi vorwärts und rückwärts und teilte dem kleinen Mann gerne wichtige Fußballweisheiten mit. Zum Beispiel das berühmte Zitat des Fußball-Bundestrainers Sepp Herberger: »Der Ball ist rund und das Spiel dauert neunzig Minuten«, oder »Das Runde muss in das Eckige«. Der Fußballschüler wusste damit nicht viel anzufangen.

Aber auch die Kunst der Fußballwette *Toto* versuchte der Onkel Wolfgang beizubringen, nicht mit Geldeinsatz, nur aus Spaß an der Spannung. Das setzte allerdings schon ein gutes Grundwissen voraus über die verschiedenen Vereinsphilosophien, die Taktik und eine gute Einschätzung der einzelnen Akteure. Die übrigens in der damaligen Zeit viel mehr Vereinstreue bewiesen und nicht, wie heute normal, häufige Wechselgedanken hatten. Aber die Sportler hatten auch nicht jeder einen eigenen Manager vor sich, der alles für sie regelte und meist den Ton angab. Was Wolfgang betraf: Von dem, was ihm Onkel Egon in bester Absicht gerne preisgab, kapierte er nur einen kleinen Bruchteil. Am längsten grübelte er über den Satz: »*Nach* dem Spiel ist *vor* dem Spiel.« Was bedeutete das? Keine Ahnung.

Das war für ihn allerdings nicht so wichtig, er hörte einfach aufmerksam und tief beeindruckt zu, um sportlich was zu lernen. Als Zugabe gab es das aufregende Totoergebnis mit Expertise am Anfang der kommenden Woche.

KAPITEL 7: VERWAHRSCHULE

Jetzt war die Zeit gekommen, in die Verwahrschule, heute Kindergarten oder Kita genannt, zu gehen, so wie es damals fast alle kleinen Dorfkinder taten. Es herrschte kein Zwang, aber es war fast eine Selbstverständlichkeit, dass man die Kleinen dort für ein paar Stunden ablieferte. Es gab genug Plätze, keine vorzeitige Anmeldung war nötig, alles gebührenfrei. Das konnten sich also alle leisten und da wurden die Kinder zum zeitweiligen »Verwahren« an vertrauenswürdige Erwachsene abgegeben. Die Bauern wussten, dass die Kinder, während sie selbst in der Landwirtschaft arbeiteten, gut und sicher aufgehoben waren. Andere Berufstätige und Hausfrauen konnten mal Dinge tun, die besser ohne den Nachwuchs zu bewerkstelligen waren.

Die Verwahrschule war nur ein Teil der für die Dorfgemeinschaft so wichtigen Lokalitäten. Betreut von einer liebevollen Kindergartenschwester, die zusammen mit drei, vier weiteren Nonnen im selben Großgebäude gleichsam in einem Mini-Nonnenkloster arbeitete und lebte. Es gab eine Mutter Oberin für die Leitung, sowie eine Krankenschwester für den ambulanten medizinischen Dienst. Auch für die externen Krankenbesuche war diese Schwester zuständig und man sah sie oft im Dorf unterwegs im Habit, also einem weithin sichtbaren, speziellen Ordensgewand. Ohne Fahrrad, ohne Auto, immer per pedes. Eine andere Schwester kümmerte sich um die Altenpflege. Es war alles sehr bescheiden, aber für die Dorfbewohner lebenswichtig, wie so Vieles in der Aufbruchszeit. Einen eigenen Allgemeinmediziner gab es im Dorf nicht, den fand man erst in den größeren Nachbargemeinden. Und da die Verkehrsverbindungen auch noch in den Kinderschuhen steckten, war der kleine Orden ein ganz elementarer Teil der Dorfgemeinschaft. Es wurde bald auch noch eine Nähschule eingerichtet und im oberen Stockwerk sogar ein

Altersruhesitz für ein paar gebrechliche alte Damen, die keine Angehörigen hatten, welche sich um sie kümmern konnten.

An bestimmten Tagen durfte gegen Abend außerdem der Kirchenchor zur Probe anrücken. Ebenso traf sich hier gelegentlich der Gemeinderat, wenn alle Mitglieder gefordert waren und ein größerer Raum vonnöten war, um dringend anliegende Aufgaben zu besprechen. Also neben Kirche, Gasthäuser, Schusterbude, Ausrufer und Friseur ein weiterer Treffpunkt für den Gedankenaustausch.

Um nochmal auf die Aufgaben der Verwahrschule zurückzukommen: Es fehlten Platz, Geld und entsprechende Materialien, um den Kindern eine Art Vorschule bieten zu können. Es war alles der armen Nachkriegszeit geschuldet und durchaus minimalistisch; es musste viel improvisiert werden. Man beschäftigte die Kleinen mit Vorlesen, Versteck- und Ratespiel, Bewegungsübungen. Holz- und Blechautos bevorzugt für die Jungen, Puppen und Zubehör für die Mädchen. Beliebt waren auch farbige Bauklötze, die auf Grund ihrer unterschiedlichen Größen und Formen für Jungs und Mädels zugleich geeignet waren, um besondere Gebilde zu konstruieren. Fantasie und Kreativität waren genauso gefragt wie Geschicklichkeit. Das Schönste war allerdings, bei gutem Wetter im geräumigen Kindergartenhof herumzutollen. Ball spielen, Schaukeln, Rennen, im Sandkasten bauen, Quatschen und Pläne schmieden.

Hier vermischten sich die Kinder aus dem Ober- und Unterdorf, dem höher beziehungsweise niedriger liegenden Teil des Dorfes. Sie lernten sich näher kennen und es bildeten sich einige neue Freundschaften. Wolfgang brachte mal den körperlich und geistig behinderten Rolf mit nach Hause und verkündete seiner Mutter: »Ich habe heute den Rolf mitgebracht. Bitte gib ihm auch was zu essen, das ist ein ganz armer Junge, der im Krieg getroffen wurde und der großen Hunger hat.« So, wie er reinhaute, hatte der offensichtlich immer großen Hunger. Aber er bekam eine schöne Portion ab, strahlte vor Freude und alle hatten danach ein besseres Gewissen.

Frühreifes, vorsichtiges Flirten war unter den männlichen Knirpsen gelegentlich auch schon angesagt. Es zeigte sich beispielsweise in einer reinen, unschuldigen Form, nämlich welcher sportliche Casanova am sichersten über den offenen, nicht allzu breiten Bach springen konnte. Wenn es ohne Absturz gelang, schaute man Beifall heischend die umherstehende, verschämt grinsende Damenwelt an und hatte bei geglücktem Sprung ein wunderbares Erfolgserlebnis. Der Tag war gerettet.

KAPITEL 8: NEUE WOHNUNG

Nach etlichen weiteren Recherchen war es jetzt Mutter Inge tatsächlich gelungen, mit dem größer werdenden Wolfgang aus der engen, dunklen Einzimmerwohnung rauszukommen. Ein wirklicher Glücksfall. Nicht zuletzt hatte ihr dabei ihr bescheidener und höflicher Umgang mit den Nachbarsleuten geholfen. Es wurde in der Nähe eine einfache, helle (im Volksmund auch ›freundliche‹ genannt) Dreizimmerwohnung im ersten Stock gefunden. Mit Wohnküche, Wohnzimmer, Schlafzimmer und Gemeinschaftsklo im Parterre, sowie – nach Absprache – mit Wochenendbad in einer größeren ›Waschbütt‹ im Waschraum auf dem angrenzenden Hof. Um den Badevorgang vorzubereiten, wurde der untere Teil der zweigeteilten Stalltür fest geschlossen, der obere einen Spalt breit offengelassen und nur mit einer Kordel innen leicht befestigt, damit man im Fall eines Eintritt Suchenden rufen konnte:

»Nicht reinkommen! Hier wird gerade gebadet!«

Das reichte normalerweise, um die Säuberung fortsetzen zu können. Übrigens diente die Zinkwanne neben Wäschewaschen und Körperreinigung noch einem ganz anderen Zweck, auf den ich später noch kommen werde.

Durch das Kellerfenster konnte man die Briketts, die vom Händler vors Kellerfenster gekippt worden waren, vorsichtig nach unten fallen lassen, um sie anschließend aus Platzgründen in einem großen Stapel wieder zu vereinen – als Nachschub für den Kohleofen im Winter. Äpfel und Birnen wurden zum Lagern auf einem Regal ausgebreitet, das tönerne Sauerkrautfass wurde bestückt und gut abgedeckt, damit es in Ruhe ›arbeiten‹ konnte. Ansonsten gab es genügend Lebensmittel, die sich freuten, im Keller oder auf der Kellertreppe gekühlt und länger frisch gehalten zu werden.

Das Alles war doch fast schon ein gewisser Luxus. Wer von Hause aus nicht bescheiden war, hatte es mittlerweile bestimmt gelernt.

In der Wohnküche konnte man im Winter herrlich die Beine auf die geöffnete Ofentür legen und dabei literarisch den Wegen von Karl May und Jack London folgen. Packende Abenteuer, die Wolfgangs Fantasie anregten, wo ferne Länder auftauchten und Helden sowie Ganoven in Erscheinung traten. Wichtig war, dass die Guten letzten Endes siegten. Dann konnte man beruhigt die sich wohlig anfühlenden Beine aus dem Wärmespeicher nehmen, wenn die Mutter rief:

»Essen ist fertig. Bitte hinsetzen.«

Es gab viel frisches Gemüse oder Salat und ab und zu mal ein Stückchen Fleisch. Mit Hering, beziehungsweise generell mit Fisch, gab es häufig Diskussionen, weil Oma Maria gelegentlich auftauchte, von Weitem im Hausflur den Fisch roch, sich auf dem Absatz rumdrehte und zumindest an diesem Tag die Wohnung der Tochter nicht mehr betrat. Wieso? Ihr war, so wurde es dann immer wieder mal erklärt, als Mädchen beim Fischessen eine Gräte im Hals stecken geblieben. Ein bleibendes, schreckliches Erlebnis, das für den Rest ihres Lebens nicht zu löschen war. Sogar das sauber gespülte Besteck machte ihr am nächsten Tag noch Probleme, sie hatte den Fischgeruch total verinnerlicht. Die Lösung? Es wurde früh genug vor einer Fischmahlzeit gewarnt und an dem entsprechenden Tag mussten alle auf Oma verzichten. Opa Willi mochte Fisch, am liebsten mit Pellkartoffeln und Quark. Und er kam gerne zum Fischessen, dann halt ohne seine Frau.

Der grüngelbe Wellensittich Hansi, der mit Wolfgang nach dem Einzug in die Kleinfamilie schnell Freundschaft geschlossen hatte, liebte es, beim Schulaufgaben machen auf dem Küchentisch zwischen Heft und Federhalter voller Neugier rumzustolzieren und dabei nicht zu vergessen, auch mal ein winziges Häufchen zu hinterlassen.

Besonders amüsant, wenn Opa mit seiner Vollglatze dazukam und Hansi versuchte, auf der attraktiven, glatten Landebahn Halt zu finden, was wegen der Anfluggeschwindigkeit selten gelang und der Piepmatz nur durchstarten konnte. Um irgendwo zu landen, wo er eigentlich nicht hinwollte. Alle freuten sich und mochten den Vogel dann noch lieber.

KAPITEL 9: SANKT MARTIN

Besonders schön waren die christlichen Feiertage in der kalten Jahreszeit. Würdevoll, ereignisreich und das Herz erwärmend.

Das ging jedes Jahr am 11.11. los, am Tag des Heiligen Martin. Dieser einstmals römische Soldat hatte, so die Legende, von seinem Pferd herab im kalten Winter einem Bettler seinen mit dem Schwert geteilten, halben Mantel geschenkt und – so geht die Legende weiter – dieser Bettler war ihm dann im Traum als Jesus Christus erschienen. Das brachte den Soldaten zu seinem fortan christlichen Glauben. Er wurde schließlich zum Bischof geweiht und heiliggesprochen, da er in seinem Leben noch viele Wunder vollbracht haben soll. Das ist im Wesentlichen der Hintergrund des religiösen Feiertages, der bis heute wie immer mit einer Lichterprozession begangen wird. Jedenfalls in einem katholischen Umfeld. Für viele Protestanten ist es ein Gedenktag an die Taufe Martin Luthers.

Das Martinsfest ist hauptsächlich ein Fest für die Kinder; und die Legende ist ein lehrreiches Beispiel dafür, dass Helfen und Schenken wichtige Eigenschaften im Leben sind.

Schon lange vor dem besagten Datum wurden sie in der Schule und zu Hause angeleitet, selbst Laternen zu basteln. Es gab zwar schon ganz einfache zu kaufen, aber spannender war es allemal, aus dickem Karton, Transparentpapier und mit verschiedenem Malzeug was Eigenes zu basteln. Mit besonderem Augenmerk auf die stabile Kerzenbefestigung, sonst war der Spaß wahrscheinlich schnell zu Ende.

Mit einem selbstgefertigten Objekt konnte man später ganz klar noch viel mehr Anerkennung und Bewunderung einheimsen.

Es gab durch die Landwirtschaft und Tierhaltung zahlreiche Zucker- und Futterrübenfelder, und es lag für viele

Kinder nahe, sich eine solche Knolle für den Laternenumzug zu besorgen. Wenn es die Kleinen noch nicht ganz allein schafften, halfen die Großen gerne dabei, die Knollen auszuhöhlen und lustige Gesichter oder Fratzen zu gestalten. Oben wurde ein Deckel abgeschnitten, denn man brauchte einen Zugang für die Beleuchtung in Form einer Kerze oder eines Dauerbrenners. Der Luxus einer Batterie war kaum ein Thema und wenn – eher eine Ausnahme.

Die feierliche Prozession formierte sich auf einem großen Platz am Ortsrand, und die bei beginnender Dämmerung zum Leuchten gebrachten Laternen und ›Knollen‹ wurden ringsum beäugt und heimlich bewertet. Dann endlich tauchte Sankt Martin auf. Er saß auf einem herrlichen Schimmel, bekleidet mit einem dicken, roten Mantel, in der Hand ein stumpfes, bronzeschimmerndes Schwert, auf dem Kopf ein glänzender Helm, und er winkte fröhlich den aufgeregten Kindern und den sie begleitenden Eltern zu. Alle brachten sich nochmal in Reih' und Glied, der ganze Leuchtwurm setzte sich langsam in Bewegung und die einheimische Blaskapelle intonierte das erste Martinslied:

»Sankt Martin, Sankt Martin,
Sankt Martin ritt durch Schnee und Wind,
sein Ross, das trug ihn fort geschwind.
Sankt Martin ritt mit leichtem Mut,
sein Mantel deckt ihn warm und gut.«

Weitere Strophen folgten, wobei der Text bei jeder weiteren Strophe immer mehr Aussetzer vorwies.

Die frühen, kühlen Abendstunden füllten sich mit den warmen Lichtern und dem inbrünstigen Gesang.

»Laterne, Laterne, Sonne, Mond und Sterne«, war dann das nächste Lied.

Die Musiker bliesen angestrengt die Backen auf und spielten so laut, dass auch die hinteren Reihen in der abendlichen Prozession die Melodien noch gut hören konnten.

Aber wo ging es eigentlich hin? Was war das Ziel dieses Umzugs? Die Menschenschlange bewegte sich durch den ganzen Ort bis hinaus auf eine Anhöhe, wo schon von weitem ein riesiger, aufgestapelter Strohhaufen zu sehen war. Hierhin hatten die Bauernjungs schon Tage vorher viele Strohballen geschafft und sorgsam aufeinandergestapelt, bis ein mehrere Meter hoher Strohhaufen dastand. Und jetzt?

Nachdem auch die Letzten singend und keuchend eingetroffen waren und sich um das ›Martinsfeuer‹ versammelt hatten, trat ein mit kräftiger, sonorer Stimme ausgestatteter Mitarbeiter der Gemeinde nach vorne, begrüßte herzlich alle Teilnehmer und erzählte zuerst etwas von der Sankt Martins Legende. Dann fuhr er fort:

»So, wie gleich auf diesem Feld das große Martinsfeuer die Dunkelheit hell erleuchten und wohlige Wärme abgeben wird, so sollen das Licht dieses Feuers und eurer vielen, bunten Laternen symbolisch allen Menschen dieser Welt Erleuchtung, Wärme, Erkenntnis und Hoffnung bringen.«

Der Beifall brauste auf und einige Feuerwehrleute, die den Martinszug begleitet hatten, bewegten sich mit ihren brennenden Pechfackeln auf den Strohhaufen zu, zündeten ihn an den Ecken an, brachten sich dann schnell in Sicherheit, und rasend schnell wuchs das Feuer hoch und verbreitete Helligkeit und Wärme. In seinem Schein erkannte man jetzt viele Dorfbewohner, die vorher im Halbdunkel unbemerkt geblieben waren. Alle genossen an diesem kalten Abend die friedliche Menschenansammlung und die wohlige Atmosphäre.

Die meisten warteten geduldig, bis dem ganzen, mühsam herbeigeschafften Stroh allmählich der Sauerstoff ausging und es seine letzten Atemzüge machte. Das lodernde, emporflammende Stroh hatte mit seinem laut prasselnden und fauchenden Brenngeräusch den Gesang und die Blasmusik verstummen lassen.

Einige Kerle hatten etwas abseits heimlich Autoreifen angezündet und sie den Hügel hinuntergerollt. Das war zwar wegen der möglichen Gefahr nicht erlaubt, aber es passierte fast jedes Jahr. Ich vermute, dass die Zuständigen ganz einfach mal wegschauten. Bis jetzt war wohl immer alles gutgegangen.

So langsam versuchte man wieder, die Menge in eine Art Aufstellung für den Rückmarsch zu bringen, was nicht mehr so gut gelang wie beim Hermarsch. In gelockerter Anordnung ging es –jetzt ohne Gesang – zurück ins Dorf in das große Gasthaus. Hier warteten auf die Kinder schon traditionsgemäß ›Weckmänner‹. Männlein, aus Hefeteig gebacken, mit Augen, Nase und Mund, durch Rosinen dargestellt, sowie zur Vervollständigung mit einer Tonpfeife dekoriert. Dazu gab es einen wärmenden Kakao, dessen Duft sich im ganzen Gasthaus ausbreitete. Selbstverständlich alles kostenlos. Das gehörte als krönender Abschluss bei der Sankt Martinsfeier einfach dazu. Eine schöne Dorftradition als Vorbote der weiteren, christlichen Feiertage.

KAPITEL 10: SANKT NIKOLAUS

Noch ein Heiliger spielte und spielt bis heute im christlichen Raum eine wichtige Rolle. Der Heilige Nikolaus, dessen Gedenktag der 6. Dezember ist. Ein Tag, der schon innerhalb der begonnenen Adventszeit liegt, also der Vorbereitungszeit auf Weihnachten. Auch er soll – wie der Heilige Martin – viel Gutes getan haben. Auch er soll aus ähnlichen Gründen zum Bischof berufen worden sein. So wiederum die Legende. Er hatte sich liebevoll um die Armen gekümmert und sie mit Geschenken bedacht. Deswegen ist der Nikolaustag ein Tag der kleinen Aufmerksamkeiten und Geschenke für die Kinder.

Eine beliebte Aktion ist bis heute, am Vorabend Schuhe vor die Tür zu stellen und am nächsten Morgen darin erwartungsvoll eine nette Kleinigkeit zu entdecken.

Für Wolfgang gab es andere Varianten, die sich ebenso am Nikolaus-Vorabend abspielten.

Der Heilige Nikolaus, welcher in vorliegendem Fall unbedingt unsichtbar bleiben wollte, weil er mangels Fachpersonal von einem weitläufigen Familienangehörigen dargestellt wurde und kein Nikolauskostüm besaß, rollte, im Flur durch eine Wandecke getarnt, mit Schwung Apfelsinen, Äpfel und Nüsse in die Richtung des aufgeregt wartenden Wolfgang, und der sackte alles mit hochrotem Kopf schnell und dankbar ein. Von dem heiligen Mann hatte er nur dessen Hand und ein kurzes Stück vom Ärmel gesehen.

»Danke schön, lieber Nikolaus«, tönte es durch die Wohnung.

»Vielen, vielen Dank!«

»Alles klar, bist doch ein guter Junge«, kam es mit deutlich hörbar verstellter Stimme zurück.

»Leider muss ich direkt weiter zu den anderen Kindern. Dann bis nächstes Jahr. Und sei schön brav und gehorche deiner Mutter.«

Hatte die Familie im anderen Jahr glücklicherweise doch einen hilfsbereiten Ersatz-Nikolaus gefunden, der mit wallendem, angeklebtem Vollbart, Mitra und rotem, mit Pelz besetztem Mantel Ehrfurcht gebietend ausgestattet war, verlief die traditionelle Veranstaltung doch etwas anders. Wolfgang wagte sich vor lauter Anspannung kaum noch zu räuspern, starrte erwartungsvoll in Richtung Tür und rutschte auf seinem Stühlchen hin und her.

Onkel Paul, als solcher wegen seiner Verkleidung nicht sofort erkannt, hatte seinen ein paar Mal einstudierten Auftritt. Auch hier mit Hilfe seiner mühsam tiefer gedrückten Stimme. Ungeübt in solchen Dingen kam es aus ihm heraus:

»Grüß Gott lieber Wolfgang. Warst du auch schön … äh … schön brav und … äh … natürlich auch artig?«

»Ja, ja! Eigentlich immer. Na ja, bis auf …«, antwortete der Junge ängstlich.

»Dann will ich mal gnädig sein. War bestimmt nichts … äh … Schlimmes oder so«, hüstelte mit kratzenden Stimmbändern Onkel Paul, den Wolfgang mittlerweile an seinem schleppenden Gang, seiner ausschweifenden Figur und der dialektgefärbten Stimme zu erkennen glaubte. Das traute er sich natürlich keineswegs zu sagen, aber Denken war ja Gott sei Dank nicht zu hören.

»Vielleicht kannst du ja, so als kleine Buße, ein … äh … ein schönes Gedicht aufsagen?«, war die rettende Idee des heiligen Mannes.

»Ich glaube, ich weiß eins«, kam es kleinlaut von dem eingeschüchtert wirkenden Wolfgang.

»Dann leg mal los«, meinte der mit der Nikolausmontur gut ausstaffierte Onkel.

»Nikolaus, Nikolaus, lieber Mann, klopf an unsre Türe an!

Ich bin brav, drum bitte schön, lass den Stecken draußen stehn!«

Es folgte eine wacklige zweite Strophe und bevor Wolfgang freiwillig noch den Liedanfang ›Lasst uns froh und munter sein‹ zu Ohren bringen konnte, unterbrach der Nikolaus die Fleißarbeit und meinte gut gelaunt:

»Ich merk schon, du bist doch … äh … scheinst doch wirklich ein braves Kind zu sein.«

Dann griff der heilige Onkel in den großen, zweckentfremdeten, muffig riechenden Kartoffelsack und überreichte die von der Mutter und den Großeltern schön verpackten und ihm vorher versteckt übergebenen Geschenke.

»Danke, danke, lieber Nikolaus«, flogen die Worte in Richtung Onkel Paul.

»Ja … äh …bitte, bitte, alles schön … äh … alles gut, hab' es gern getan«, kam es von dem sich davonschleichenden, gekrümmt gehenden Mann.

»Jetzt muss ich aber flott weiter zu den anderen Kindern«, hörte man es noch leise vom Türausgang, »also schönen Gruß … äh … Tschüss bis nächstes Jahr.«

Ein weiterer Laiendarsteller, der sich die ganze Zeit im Hintergrund aufgehalten hatte, war als Knecht Ruprecht verkleidet, stark zerzaust, und mit schwarzer Farbe beschmiertem Gesicht furcherregend aussehend. Er konnte es nicht lassen, beim Verschwinden als Drohung kräftig mit seiner Eisenkette zu rasseln. Das alles machte dem Jungen ordentlich zu schaffen. Er war vor dem Auftritt ganz schön aufgeregt, aber voll freudiger Erwartung gewesen, aber jetzt auch glücklich und befreit, weil alles vorbei war. Es gab als angenehme Zutat von Mutter noch eine heiße Milch mit Honig und dann wurde sich auf die milden Gaben und den würzigen Lebkuchen gestürzt. Geschafft! Alles gut überstanden!

KAPITEL 11: BEINBRUCH

Die Zeit drängte weiter, das Leben übte sich im Durchhalten und nach und nach zeigten sich kleine, hellblaue Hoffnungsschimmer. Zumindest wenn man bei schönem Wetter nach oben zu den Wolken schaute und die verschiedenen Gebilde und Formen mit fantasievollen Bildern und Figuren bedachte.

Der kleine Junge hatte sich mittlerweile bei den vielen Entdeckungen in der kargen Nachkriegszeit, wie man so gern floskelhaft sagt, gut weiterentwickelt, als es ihn bei einer an sich schönen Tätigkeit übel erwischte. In Ermangelung eines eigenen Bewegungsmittels wie ein Tretroller freute er sich riesig, dass ihm ein Spielkamerad anbot, auch mal mit seinem Gefährt loszudüsen. So, wie es auch schon ein paar andere getan hatten, nämlich von einem Gässchen einen sehr kurzen Abhang runter auf die Straße. Vorbeifahrende Autos waren eine Seltenheit und stellten kaum eine Gefahr dar. Aber, oh Schreck, vermutlich wegen der mangelnden Übung knickte er beim ersten Versuch einfach um und zack! Ein Aufschrei – und Wolfgang konnte offenbar nicht mehr allein aufstehen.

»Jetzt komm, steh' auf. Stell dich nicht so an. Wird nicht so schlimm sein. Sollen wir dir helfen?«

»Tut's richtig weh?«, hörte er noch einen fragen.

Wolfgang versuchte verzweifelt, irgendwie in die Senkrechte zu kommen, aber es ging einfach nicht.

Die Mutter hatte den Vorfall, aufmerksam geworden durch den entstandenen Lärm, vom gegenüber liegenden Stubenfenster aus verfolgt und stürzte völlig außer sich auf die Straße.

»Großer Gott! Wie konnte das nur passieren? Hast du nicht aufgepasst? Kannst du nicht aufstehen?«

Wolfgang hatte schon mehrmals versucht, wieder irgendwie hochzukommen. Es ging einfach nicht.

»Ich seh' schon, du kannst ja wirklich nicht aufstehen! Was machen wir jetzt? Aber was nützt das Jammern. Wir müssen gucken, wie wir einen Arzt erreichen können.« Die Mutter wirkte äußerst aufgewühlt und hilflos.

Was war geschehen? Der rechte Oberschenkelknochen war gebrochen. Das zumindest stellte dann der Arzt fest, der mit seinem privaten VW-Käfer aus einem einige Kilometer entfernten Ort gekommen war. Wer hatte ihn verständigt? Und vor allem, wie? Es gab hier kein Telefon und keinen Marathonläufer, um die Nachricht dieses Unglücks zu überbringen. Wie auch immer. Irgendwie wurde er informiert, war nach langer Wartezeit angekommen und suchte sich nach der schnellen Untersuchung des Unfalls im Schuppen des gegenüberliegenden Hofes ein gerades Stück Holz, um das Bein provisorisch mit zerrissenen Handtuchstreifen, die eine hilfsbereite Nachbarin schnell geholt hatte, zu bandagieren. Alles ein wenig abenteuerlich, aber es erfüllte seinen Zweck. Dann beförderte der kräftig gebaute Arzt den kleinen Mann vorsichtig mit dem lädierten Bein quer auf den Rücksitz seines Autos, bat die verängstigte Mutter, auf dem Beifahrersitz Platz zu nehmen und schaffte die beiden ins nächstgelegene Krankenhaus. Dort startete dann der vierwöchige Aufenthalt in einem derzeit von drei Männern bevölkerten Krankenzimmer. Ein kleines Kind mitten unter den Erwachsenen. Schnell hatte man ein leeres Krankenbett gegen ein kleineres Kinderbett ausgetauscht. Das rechte Bein wurde in einen Gipsverband eingebettet und in einem sogenannten Streckverband mittels Gestänge, Rollen und einem Gewicht nach oben gezogen. Eine verdammt ungemütliche Haltung für eine schrecklich lange Zeit. Doch die erwachsenen Patienten in dem Zimmer hatten richtig Mitleid mit dem armen Kerl und halfen, wo und wie immer es ging. Sie sorgten sich ergänzend zu dem Pflegepersonal liebevoll um das ausreichende Trinken und Essen, genauso wie um das Gegenteil in Form der lästigen

Bettpfanne. Was sein muss, muss sein. Sie taten es einfach, soweit sie selbst als Patienten körperlich dazu fähig waren.

Da der Busverkehr zwischen dem Wohnort und dem Krankenhaus nahezu einen Seltenheitswert besaß – an ein eigenes Auto war gar nicht zu denken –, machten sich die Mutter, Oma und Opa auch schon mal per pedes auf den Weg, um dem Kind was vorbeizubringen und vor allem Zeit zu schenken. Trösten, ablenken, Geschichten erzählen, Zuneigung zeigen.

Einmal sogar mittels eines großen Umweges über einen gerade Kirmes feiernden Nachbarort, nur um dem Jungen einen bunten Luftballon, der jetzt einige Kilometer Fußmarsch hinter sich hatte, schenken zu können.

Ein Besuchsereignis war sogar für die Pfleger und Pflegerinnen ein wenig ungewöhnlich und fast schon aufregend. Die Kinder aus der Verwahrschule hatten überlegt, sich demnächst unter Aufsicht der Ordensschwester Primosa auf die Socken zu machen, um ihrem verunglückten Spielgefährten eine Überraschung zu bereiten. In dem Heimatdorf, wo während der Kirschblütenzeit zwecks Erholung und Naturbewunderung ein richtiger Besucheransturm aus der näheren Umgebung einsetzte, kam dann logischerweise später die sogenannte Kirschenzeit, die entsprechend herrliche süße, rote Früchte produzierte. Irgendjemand musste vor dem Besuch der Kindergesellschaft die Idee gehabt haben, anstelle von irgendwelchen Kleinigkeiten lieber schmackhafte und gesunde Kirschen als Geschenk ins Krankenhaus mitzunehmen. Das mit den Kirschen als Mitbringsel fanden wohl alle gut, und da es zu der Zeit überall Kirschen im Überfluss gab, wollten – ohne Absprache – nahezu alle Kinder Kirschen mitnehmen. Aber wie am besten transportieren? Es wurde im ganzen Haus nach Taschen, Tüten und Rucksäcken gesucht, um die runden, saftigen Dinger reinzupacken. Der ausgesuchte Tag kam und es ging los. Zu Fuß im Gänsemarsch bis zum Krankenhaus im übernächsten Ort. Die Aufsicht führende Ordensschwester Primosa vorneweg und am Ende zur Absicherung eine freiwillig mittrabende Mutter eines der Kinder. Irgendwann hatten es die Fitten geschafft und waren im Krankenhaus angekommen. Die etwas lahmen und müden Gestalten brauchten ein paar Minuten länger. Alle Jungs und Mädels wollten Wolfgang begrüßen und gute Besserung wünschen. Aber die ganze Mannschaft ins Krankenzimmer rein? Ging nicht! Also wurde das Kinderbett mitsamt dem Patienten, sprich Wolfgang, und monströsem Streckverbandgestell einfach aus dem Zimmer raus auf den Flur geschoben und alle konnten sich jetzt mit leichtem Gedränge um das kleine Krankenbett gruppieren.

»Hallo Wolfgang. Wie geht's dir? Tut das Bein weh? Wie lange musst du hier noch liegen? Kannst du mit dem hochgestreckten Bein überhaupt richtig schlafen? Sieht ja gefährlich aus! Wann können wir wieder zusammen spielen?«

Wolfgang war überwältigt von der Anteilnahme und versuchte geduldig alle Fragen zu beantworten. Aber nicht die Frage, wohin mit den ganzen mitgebrachten Kirschen. Wie sollte man das machen? Gefäße wie Schüsseln waren in dieser Größenordnung für Geschenkzwecke nicht vorgesehen. Bevor irgendein Helfer zu Rate gezogen werden konnte, kam die folgenschwere Lösung.

»Wir kippen am besten alles einfach aufs Bett. Da ist ja wohl Platz genug.«

Wer hatte diese blödsinnige Idee? Egal.

Zum großen Überlegen und Entscheiden blieb absolut keine Zeit mehr. Ruckzuck wurden Taschen, Tüten und Rucksäcke ausgeleert und das Bettzeug erfreute sich an einer neuen Farbgebung, Tendenz rot. Sah das wirklich nach einem guten Einfall aus? Das Personal wurde gerufen und verfiel in eine Art Ohnmacht ob der spontanen Geschenkaktion. Es wurde laut und heftig überlegt, wie man aus der gut gemeinten, aber nicht zu Ende gedachten Situation wieder einigermaßen herauskommen könnte. Gemeinsam wurde an der Lösung gearbeitet. Da fast alle kleinen Besucher Kirschen als Geschenk mitgebracht hatten, kam eine irre Menge saftiger Früchte zusammen. Weil nicht nur Wolfgang persönlich mit der roten Pracht beschenkt wurde, sondern gleichzeitig auch der Kissen- und Bettbezug, sowie ein Teil des Fußbodens, wurde entschieden:

»Diese vielen Kirschen sind für Wolfgang allein überhaupt nicht zu schaffen«, rief die um Fassung ringende Schwester Primosa mit einigen Obstspritzern auf ihrer Ordenskleidung.

»So können wir das auf keinen Fall lassen! Offenbar habe ich auch im richtigen Moment nicht aufgepasst. Keine Ahnung, wer diesen Unsinn vorgeschlagen hat. Ist jetzt aber sowieso zu spät. Geschehen ist geschehen. Tut mir leid. Wenn alle einverstanden sind, teilen wir die Früchte auf. Sowohl die lieben Bettnachbarn, die den ganzen Rummel mitmachen mussten und die sich immer um Wolfgang kümmern, sowie das Personal, das alles wieder waschen und in Ordnung bringen muss, die bekommen alle was davon ab. In Ordnung?«

»Klar. Prima Idee. So können wir das machen«, war die einhellige Meinung und Antwort. Alle Beteiligten merkten erst jetzt, was sie in ihrer Euphorie angerichtet hatten und waren zugleich erleichtert und glücklich, eine praktikable und gerechte Lösung gefunden zu haben.

Inzwischen gut erholt und ausgeruht vom Fußmarsch, machte sich nach vielen ›Tschüss‹ und ›Bis demnächst‹ und weiteren guten Wünschen der ganze Tross wieder auf den Rückweg, begleitet vom heftigen, lautstarken Gedankenaustausch bezüglich der gut gemeinten, aber leider etwas unbedachten Unternehmung.

Das Kirschsaft-gemusterte Bettzeug wurde vom Personal abgezogen, neues angepasst und zurück gings mit

Wolfgang in seinem fahrbaren Kinderbett ins Krankenzimmer, als wäre nichts Besonderes gewesen. Aber es gab danach viel zu erzählen. Im Krankenhaus und etwas später zu Hause im Dorf.

KAPITEL 12: WASCHBÜTT

Jetzt möchte ich nochmal auf etwas zurückgreifen, das ich weiter oben in der Verbindung mit der Drei-Zimmer-Wohnung erwähnt habe: Die ›Waschbütt‹ im Waschraum, der von den Einheimischen auch gerne ›Waschküche‹ genannt wurde.

Neben der Schmutzwäsche und der Wochenend-Körperreinigung diente sie noch einem weiteren Zweck. Wenn es auf Weihnachten und speziell für alte Schlesier auf den Heiligen Abend zuging, gehörte der Karpfen unbedingt zur Tagesordnung für das feierliche Abendessen. Aber das Tier musste erstmal herbeigeschafft werden und das war gar nicht so einfach. Im Ort selbst bekam man keinen Karpfen, und außerdem gehörte dieser Fisch nicht zum einheimischen weihnachtlichen Brauchtum. In der katholischen Dorfgemeinde spielte damals der Heiligabend als Feiertag noch keine so besondere Rolle. Jedoch musste bzw. sollte als Vorbereitung für den ersten und zweiten Weihnachtstag an diesem Tag – streng genommen – gefastet werden. Hier fand die Zeremonie mit Baumbeleuchtung und Bescherung erst am frühen Morgen des 25. Dezember statt. Das war die Tradition, die sich erst im Laufe der nächsten Jahre, vielleicht auch durch den Einfluss der Flüchtlinge, so langsam auf die Heiligabend-Feier verschob.

Zurück zum Thema Waschbütt. Opa Willi hatte schon vor Tagen in der nächsten Kleinstadt einen noch lebenden Karpfen vorbestellt. Gewicht circa zwei Kilogramm. Zwei Tage vor Heiligabend pumpte er genügend Luft in die Fahrradreifen, knöpfte eine alte Aktentasche um die Fahrradstange des in die Jahre gekommenen, weinroten Herrenrades fest und machte sich damit auf den Weg. Entfernung etwa fünf Kilometer. Wenn die Sonne schien, war es für den alten Herrn gut zu bewerkstelligen, bei Schnee und Eisglätte jedoch eine große Herausforderung.

Der Fischladen entließ durch die geöffnete Eingangstür eine weitziehende Duftwolke, die von Menschen mit empfindlicher Nase durchaus als unangenehme Geruchsbelästigung empfunden werden konnte. Der Händler zeigte Opa begeistert den bestellten, schuppenglänzenden Fisch. Dieser bewegte sich verunsichert in dem eng bemessenen Vorratsbassin hin und her und wunderte sich, dass er plötzlich, heftig zappelnd, vom Händler mit einem Netz aus seinem Element herausgefischt und gnadenlos in nasses Zeitungspapier eingesperrt wurde. Für einen kräftigen, stolzen Fisch kein angenehmer Zustand. Opa schnappte sich das Paket und steckte es mit dem lebenden Inhalt in seine am Fahrrad befestigte Aktentasche. Das Fischmaul schnappte kräftig nach Luft, um die ungemütliche Heimfahrt mehr schlecht als recht durchzustehen. Etwa fünf Kilometer lang. Dann kam die Waschbütt ins Spiel. Sie wurde mit frischem Leitungswasser aufgefüllt und dem Karpfen als notorischem Gründler ungefragt als wenig romantische Zwischenstation angeboten. Mit diesem furchtbaren Aufenthalt konnte der künftige Backfisch nun mal gar nichts anfangen. Igitt! Kein schön abgestandenes Tümpelwasser, wo sich das Wassertier gewohnheitsgemäß wohl gefühlt hätte, sondern klare, nach Chlor riechende Flüssigkeit! Aber es gab keine andere Wahl, und er musste sich bis Heiligabend in diesem klaren, scheußlichen und engen Medium aufhalten. Aufs Christkind warten war für ihn gleichbedeutend mit dem nahenden Ende eines einstmals schönen Fischlebens.

Opa rückte am 24.12. gegen Mittag mit einem nassen Tuch und einem Hammer an, um den glitschigen Kerl fest in den Griff zu bekommen und dem qualvollen Waschbütt-Leben ein Ende zu bereiten. Die Mutter wartete schon, um das leblose Tier für das traditionelle Heiligabendessen zuzubereiten. Die in dicke Scheiben zerschnittenen Fischteile zappelten manchmal noch mit ihren Nervenenden in der Schüssel. Für Unerfahrene zutiefst gewöhnungsbedürftig. Die einmal im Jahr benötigte Aufgabe der Waschbütt als Fischbehälter war jedenfalls mal wieder erfolgreich erfüllt worden. Jetzt durfte sie erneut die täglichen Hauptaufgaben der normalen Nutzung antreten. Der Heiligabend konnte schließlich starten. Und dabei sind wir beim Weihnachtsfest, von ehemaligen Schlesiern jetzt im Rheinland gefeiert.

Kapitel 13: Weihnachtsfest

Wie schon geschildert, war der Heilige Abend damals für die Einheimischen noch nicht für feierliche Handlungen vorgesehen. Erst mit der Frühmesse am 25. Dezember begann das eigentliche Christfest.

Den Schlesiern hingegen war traditionsgemäß der Heiligabend im wahrsten Sinne des Wortes heilig. Das gemeinsame Abendessen mit Mutter Inge, Wolfgang und den Großeltern Maria und Willi wurde früh und minutiös vorbereitet. Als Vorspeise gab es Biersuppe. Biersuppe? Eine Delikatesse für die Großen und für Wolfgang eine schreckliche Plörre, mit warmem Bier, Mandelsplittern, Ei, Zimt, Weißbrot und Rosinen. Was sonst noch? Keine Ahnung. Der Junge weigerte sich jedes Jahr, diese »Köstlichkeit« zu sich zu nehmen. An dieser Stelle waren sich die Erwachsenen als Respektpersonen allerdings einig:

»Wenigstens *einen* Löffel, weil heute Heiligabend ist.«

In freudiger Erwartung der kommenden Geschenke blieb dem Kind nichts anderes übrig, als sich mit verzerrtem Gesicht einen Löffel von dieser dicken, braunen Bierbrühe reinzuschieben. Grässlich! Kein schöner Anfang für das feierliche Festessen.

Der in viel Fett gebratene und dick panierte Karpfen war neben Kartoffeln und Sauerkraut der Mittelpunkt des Menüs. Und was Wolfgang überhaupt nicht verstehen konnte, war das Verhalten von Oma. Das ganze Jahr über nahm sie Reißaus, wenn es im Haus Fisch gab, da ihr ja mal als junges Mädchen eine Gräte im Hals stecken blieb; das hatte sie schon oft genug erzählt. Heute aber nahm sie mit zugehaltener Nase eine Gabel voll von der vor Fett triefenden Delikatesse und …

»Weil heute Heiligabend ist«, war die kurze Antwort auf Wolfgangs ungläubige Frage, wieso das an diesem Tag funktionierte, was sonst im ganzen Jahr richtige Panik verbreitete. Vor allem auch, da dieser Fisch besonders kräftige Gräten sein Eigen nennt.

»Ganz einfach, weil heute Heiligabend ist«, war die wiederholt klare und keinen Widerspruch duldende Antwort. So war das eben. Basta.«

Damit war das festliche Essen aber noch nicht zu Ende. Opa hatte schon einige Tage vor den Feiertagen bei anderen Bekannten, die ebenso aus Schlesien stammten, eine Mohnmühle ausgeliehen. Mohn war für die Schlesier ein beliebter, wohlschmeckender Samen für den althergebrachten, übers ganze Jahr geschätzten Mohnkuchen und – speziell in der Weihnachtszeit oder zu Sylvester – für die schlesischen Mohnklöße. Dazu brauchte man die Mohnmühle für den Mohn und als weitere wichtige Zutaten Mandelblättchen, gequollene Rosinen (wenn Kinder dabei waren, wurde der Rum weggelassen), Vanillezucker, ein wenig künstliche Aromastoffe und ein paar altbackene Brötchen. Der Mohn wurde mit der Milch vorsichtig aufgekocht, nur nicht zu heiß, mit den anderen Zutaten vermengt, sodass eine wohlschmeckende Mohnmasse zustande kam. Die in Scheiben geschnittenen Brötchen lagerten noch etwas in warmer Milch und dann wurden die beiden Hauptteile zusammengeführt. Eine Lage aufgeweichte Brötchen, eine Lage Mohnmasse, immer schön im Wechsel. Dieser traditionelle Nachtisch wurde oft schon einen Tag vorher zubereitet, damit er lange genug schön kaltgestellt werden konnte. Das war für Wolfgang nach der ungeliebten Biersuppe und dem fetten, grätigen Fisch endlich der würdige und lecker schmeckende Abschluss des Festmahls. Das war *sein* Festschmaus.

Aber was geschahen an diesem Abend noch für seltsame, außergewöhnliche Dinge? Schlesische Tradition genannt. Bevor es mit dem Essen losging, stand Opa auf, ging gemessenen Schrittes zur Tür und schloss diese ab. Das kam Wolfgang komisch vor.

»Opa, wieso machst du das?«

»Weil Heiligabend ist und wir nicht von irgendeinem gestört werden wollen. Es ist ein Abend der Familie.«

»Ach so«, meinte Wolfgang geflissentlich, ohne weiter darüber nachzudenken. Es sollte ja zügig weitergehen.

Nach dem Hinsetzen an den schön dekorierten Tisch entdeckte er unter der festlichen, weißen Tischdecke plötzlich eine Beule.

»Was ist das denn, ist da was drunter geraten?«, kam es aus seinem Mund, während er etwas verblüfft mit dem Finger auf die komische Erhebung zeigte.

»Nur nicht die Decke hochheben, das ist ein kleines Geheimnis!«, sagte mit strengem Ton die Oma.

Wolfgang beugte sich ergeben der sonderbaren Aktion und:

»Ich weiß, weil heute Heiligabend ist«, klang es kapitulierend aus seiner Richtung.

Was wirklich hinter diesem Ritual steckte, erfuhr er erst ein paar Jahre später. Die sich normalerweise vor Fisch ekelnde Oma hatte bei der Essenszubereitung dem Karpfen eine besonders schöne und große Schuppe abgelöst und sie schnell im Portemonnaie verschwinden lassen. Heimlich kam dasselbe dann an einer Tischkante unter die festliche Weihnachtsdecke. Es sollte der Geldbeutel gemäß dieser Sitte das ganze Jahr über genügend gefüllt sein. Ob das tatsächlich geholfen hat? Eher nicht, das Ergebnis dieses provokanten Wunsches war negativ. Es blieb eine arme Zeit. Schließlich hatte man das Festessen und die ungewöhnlichen Zeremonien hinter sich gebracht und endlich … endlich! … konnte die Bescherung eingeläutet werden. Ab sofort begann für Wolfgang Weihnachten. Man wünschte sich gegenseitig ›Frohes Fest‹ und das den vorhergehenden Tag für Wolfgang nicht zugängliche kleine Wohnzimmer wurde endlich durch ein Glöckchengebimmel freigegeben. Der Duft der mit viel Lametta, roten und goldenen Kugeln sowie mit echten Kerzen geschmückten Weihnachtsfichte vermischte sich mit dem aus der Küche verbreitenden Fischgeruch und erweckte das seltsame Gefühl, dass im Wald gekocht wurde. Ergänzt durch den Dunstschleier der süßlichen Biersuppe. Und all das sammelte sich ungehindert in den festlichen Kleidungsstücken. So schön kann Heiligabend riechen.

Aber das störte nun wirklich niemanden. Am wenigsten das Kind. Für Wolfgang waren die Geschenke schon unterm Weihnachtsbaum aufgebaut; die Erwachsenen kramten ihre Geschenke aus Tüten und Verstecken hervor und redeten ziemlich durcheinander:

»Dieser Schlips und die dicken Socken für dich, Opa.«

»Für Oma ein gestreifter, wolliger Pullover. Sieht schön aus und hält warm.«

»Du, Inge, kannst bestimmt gut diese hellblaue Bluse gebrauchen und für die kalten Tage die wärmenden Handschuhe.«

»Und Wolfgang? Du hast bestimmt schon deine Geschenke unterm Bäumchen gefunden. Und? Enttäuscht?«

»Nein – überhaupt nicht. Am meisten freue ich mich über ›Max und Schmeling‹, super, wie die zusammen boxen.«

Den Großen huschte ein Lächeln übers Gesicht. Er meinte damit das aufziehbare Blechspielzeug, bei dem sich zwei Boxer mit den Fäusten bearbeiteten. Er hatte den Namen des berühmten Boxers Max Schmeling irgendwo aufgeschnappt und einfach zwei Kämpfer daraus gemacht: Max und Schmeling. Er entdeckte noch andere, für ihn bestimmte, liebevoll verpackte Gegenstände. Eine Mundharmonika, Material für Laubsägearbeiten, einen von der Mutter selbst gestrickten Pullover und verschiedene Süßigkeiten.

Am ersten Weihnachtstag konnte man sich nach dem Besuch des feierlichen Gottesdienstes vom Heiligabend erholen und jeder war mit sich und der eigenen Familie beschäftigt. Ab dem zweiten Feiertag gingen dann die Besuche los. Zuerst waren die nächsten Verwandten an der Reihe, im Elternhaus von Wolfgangs vermisstem Vater.

Mutter, Onkel, Tante, Vetter, Cousine fanden sich bei einsetzender Dämmerung zusammen, um mit instrumentaler Begleitung eines Harmoniums die gängigen Weihnachtslieder zu intonieren. Der Versuch einer musikalischen Erbauung war es jedenfalls wert. Dabei wurde bei dem historischen, analogen Tasteninstrument, ähnlich wie bei den alten Nähmaschinen, die Funktion durch ein Fußpedal in Gang gesetzt; in diesem Fall sogar mit zwei abwechselnd niedergetretenen Pedalen. Das als Orgelersatz dienende Gerät bekam auf diese Weise deutlich hörbar ›Luft zum Atmen‹ zugeführt und brachte damit die Töne zum Leben. Die Großen ließen es sich nicht anmerken, dass liebe Verwandte nicht mehr dabei waren, welche in normalen Zeiten vor dem Krieg immer gemütlich mit in der Runde gesessen hatten. Sie waren Opfer der grausamen und sinnlosen Kämpfe geworden.

Der Onkel rauchte Zigarre, die Frauen nippten am Likör.

Für alle, besonders natürlich für die Kinder, gab es würzige, lange vor dem Fest selbst gebackene Plätzchen aus Mürbe- und Lebkuchenteig; Spritzgebäck, Zimtsterne, Kokosmakronen, Vanillekipferl, Spekulatius. Man belohnte sich. Dazu reichten sich die Vorgesetzten Mosel- oder Rheinwein, und das Sodbrennen hatte schon darauf gewartet, sich melden zu dürfen. Man gönnt sich ja sonst nichts.

Es war aber auch in der Tat noch eine mittellose Zeit, und vielleicht gerade deswegen war die Freude an den kleinen Dingen echt.

Die Geschenke für den Nachwuchs? Na ja, vielleicht eine Mundharmonika oder eine Blockflöte – das war dann schon etwas Besonderes –, ein Ball, ein Karten- oder Brettspiel, Blechspielzeug. Vielleicht auch Zinnsoldaten für die Jungs und Puppensachen oder Glasschmuck für die Mädchen. Man hatte noch kein batteriebetriebenes Spielzeug, geschweige denn etwas mit moderner Elektronik.

Aber alle waren gut gelaunt, genossen die gemütlichen Stunden und waren zufrieden.

Die nächsten Tage verbrachte man üblicherweise mit Besuchen bei den entfernteren Verwandten; nicht zwingend kilometermäßig gemeint, sondern in Grad gemessen: Verwandtschaft mittleren Grades. Dann folgten Freunde und wohlgesonnene Nachbarn. Bei allen festlichen Begegnungen bestand allerdings die Gefahr, na ja, sagen wir mal die Wahrscheinlichkeit, dass diese sich dann selbstverständlich schon mit Terminen für Gegenbesuche anmeldeten. Das war halt so üblich. Konnte auch schön sein.

Spannend für die Kinder waren die Familien, die genügend Platz hatten – in seltenen Fällen sogar einen separaten Raum –, um die elektrische Märklin-Eisenbahn aufzubauen. Das Zimmer, mancherorts auch ›Gut Stubb‹ genannt, war oft ungeheizt, die Polsterteile mit Decken gegen Staub geschützt und wurde nur für die Besucher und Bewunderer der technisch raffiniert aufgebauten Modelleisenbahn und der idyllischen dazugehörenden Landschaft freigegeben. Neben den schmucken, kleinen, beleuchteten Häuschen und Hütten standen winzige bunte Figürchen und Gegenstände: Menschen, Tiere, Autos, Verkehrsschilder und vieles mehr. Hügel und Berge wurden aus in flüssigem Gips eingetauchten Papierknäueln gebaut, mit Wasserfarbe angestrichen und mit im Wald gesammeltem Moos optisch und gesund riechend zu Landschaften geformt. Wenn dann der Strom eingeschaltet wurde, setzten sich im besten Fall gleichzeitig zwei oder drei Loks mit ihren authentisch beschrifteten Waggons in Bewegung, ordentlich durch verschiedene Weichenstellungen gegen Zusammenstöße abgesichert. Was allerdings nicht immer so wie geplant funktionierte. Kleine Karambolagen musste man gelegentlich hinnehmen, die Computersteuerung stand noch lange nicht in den Startlöchern. Aber wenn man als Besucher Glück hatte, durfte man nach kurzer Einweisung sogar selbst den

Trafo bedienen. Welch ein erhabenes Gefühl – Lokführer im Kleinformat. Die Kinderaugen strahlten.

Nach einem Kräuterbitter oder Schnaps für die Herren und einem etwas alkoholärmeren süßen Getränk für die Damen, sowie Weihnachtsplätzchen für die Kinder, wurde die ›Gut Stubb‹ wieder abgeschlossen, nachdem die Kälte des ungeheizten Zimmers schon gnadenlos die Beine hochgekrochen war. Der Raum jedenfalls konnte sich wieder auf seine klimafreundliche, niedrige Temperatur zurückziehen, und vor dem nächsten Besuch war erst mal herrliche Ruhe angesagt.

Der sogenannte Weihnachtsfestkreis zog sich noch lange dahin, bis zum zweiten Februar, dem katholischen Feiertag ›Mariä Lichtmess‹. Bis dahin mussten alle obligatorischen Hin- und Herbesuche erledigt sein.

Die meisten Weihnachtsbäume hatten sich bis dahin schon deutlich von ihrem schönen, grünen Kleid verabschiedet und ihren Stamm zur Besichtigung freigegeben. Die abgefallenen, vertrockneten und piksenden Nadeln versuchten krampfhaft, im Teppich steckend, noch ein wenig zu überleben. Aber es half alles nicht. Das ›Bäumchen‹, wie es meist genannt wurde, musste jetzt entsorgt und die ganze Dekoration für nächstes Jahr weggepackt werden. Der Winter bekam wieder seinen Alltag zurück.

Nach dem ganzen Festtagsrummel und den ausgiebigen Kontaktaufnahmen war für viele Dorfbewohner eine ruhige, fast besinnliche Winterzeit angebrochen. Zahlreiche Familien hatten kleine oder größere landwirtschaftliche Betriebe und die Männer nutzten die winterlichen Tage, um Gerätschaften zu reparieren, die Frühjahrsaussaat zu planen und kleine Umbauten in Angriff zu nehmen. Die Frauen nahmen sich mehr Zeit für Näharbeiten, Stricken, Häkeln und Aufräumen. Es stimmt, dass es in diesem Jahresabschnitt im großen Ganzen etwas beschaulicher zuging. Die tägliche Stallarbeit jedoch erlaubte keine zu lange Ruhepause. Die Kühe wollten ihre Milch loswerden, die Sauen bekamen Ferkel, das Pferd musste trotz Kälte zwischendurch draußen bewegt werden, es wurde ausgemistet, alle warteten auf ihr Futter, und der Hahn machte laut und deutlich klar, wer der Chef im Hühnerstall war, und pickte zusammen mit seinen gackernden Damen hastig die hingeworfenen Körner auf.

Die Felder und Gärten ruhten sich genauso aus wie die Menschen, die sie sonst kräftig bearbeiteten. Man sammelte Kräfte fürs Frühjahr, wenn die Natur wieder zum Leben erwachte.

KAPITEL 14: WINTERSPORT

Die Kinder hatten in der kalten Jahreszeit bei den wenigen Freizeit-Möglichkeiten auch eine reduzierte Reichweite. Kino, Hallenbad, Museum oder andere interessante Abwechslungen waren lediglich Wunschträume, die gab es erst etliche Kilometer entfernt in den nächsten umliegenden Städten. Und da der Busverkehr auch eine Art Winterschlaf hielt, ehrlich gesagt eigentlich übers ganze Jahr, indem er sich mit den Abfahrtterminen strikt zurückhielt, mussten sich die jungen Leute Gedanken machen, wie und mit was sie sich beschäftigen konnten.

Da ein richtiger Winter im Rheinland eher selten, und wenn, dann dezent stattfand, war es nicht ganz einfach, sich mit Schnee und Eis eine Freude zu bereiten. Da gab es am Ortsrand einen Tümpel – von einem Teich oder gar See konnte man hier absolut nicht sprechen –, wo man bei starkem Frost eine Art Schlittschuhfahren versuchen konnte. Neben einer ausreichend großen Gleitfläche mangelte es auch an den sportlichen Zutaten wie zum Beispiel an speziellen Schuhen. Da mussten die normalen Alltagstreter herhalten und sich von Schrauben und Zwingen einquetschen lassen. Und so war es gar nicht ungewöhnlich, das Häuflein der Wintersportler auf dem Eis statt elegant eher torkelnd umherlaufen zu sehen. Einige sogar mit nur *einem* Schlittschuh. Das Gegenstück hatte man den traurig und frierend, mit neidischen Blicken am Tümpelrand Stehenden überlassen. Fahren? Gleiten? Laufen? Es wurden bei dieser Gelegenheit faszinierende neue Laufstile geboren.

»Geteiltes Leid ist halbes Leid«, oder »Geteilte Freud ist doppelte Freud.« Beides war gültig.

Weniger kompliziert war es dann doch eher, sich einen Schlitten zu schnappen und irgendwo auf einem schneebedeckten, abschüssigen Hang loszudonnern. Hauptsache Bewegung und Spaß.

Etwas Besonderes war es, wenn Manfred ankündigte, am nächsten Tag, ein Samstag, seinen ›Lenkbaren‹ zu aktivieren. Und wie immer, auf der stark abschüssigen Poststraße. Es musste natürlich richtig kalt sein. Entweder es lag genug Schnee, oder man konnte mit künstlich provoziertem Glatteis nachhelfen. Der Lenkbare? Das war ein für sechs bis acht Sitzplätze vorgesehener, vom örtlichen Schreiner gebauter, sehr langer Spezialschlitten. Vorne mit einem drehbaren Kufenteil, gelenkt mittels eines kräftigen Hanfseils. Die Kumpels kamen richtig ins Schwärmen. Manfred legte los:

»Ihr seht ja, dass wir für den Lenkbaren zurzeit leider zu wenig Schnee haben, aber es ist wenigstens saukalt. Also müssen wir heute Abend, wenn's schon dunkel ist, möglichst unbeobachtet Wasser auf die Straße kippen, damit es nachts schön frieren kann und am nächsten Tag die Post abgeht. Wohlgemerkt: In der Poststraße!«

Die meisten jubelten laut, einige quälte das schlechte Gewissen. Aber zu guter Letzt siegte doch die Vorfreude.

Gesagt, getan. Die Jungs versuchten abends leise und unauffällig, die mit Wasser gefüllten Eimer über die Straße zu kippen und dann schnell wieder zu verschwinden. Die Straße war nach dem künstlich provozierten Regenguss am nächsten Morgen zum größten Teil verdammt glatt. Logisch, dass es mit einigen Anwohnern ziemlichen Ärger gab, weil die sich ja kaum aus dem Haus wagten. Andere dagegen zeigten notgedrungen Verständnis:

»Bei diesem Wetter müssen wir ja auch nicht unbedingt raus gehen. Weshalb sollen unsre Kinder nicht ein bisschen Spaß haben? Passt halt etwas auf. Wer unbedingt raus muss, kann auch einfach ein Paar Socken über die Schuhe ziehen.«

Und da der dörfliche Straßenverkehr wie gewohnt mehr als zurückhaltend war, ging die Sache mit dem Monsterschlitten am nächsten Morgen erstaunlicherweise ganz gut über die Bühne. Was die nicht so professionell angebrachte Holzbremse am Ende der abschüssigen Poststraße kaum schaffte, das erledigte die unmittelbar gegenüber liegende, kräftig ansteigende Heckenstraße. Die geografische Gegebenheit diente so als natürliche Bremshilfe. Das Gejohle und »Auf geht's!« – Geschrei war in der ganzen Straße zu hören. Die einen freute es, andere schimpften lautstark und drohten sogar mit der Polizei. Aber die Kids waren außer Rand und Band und konnten von der Schussfahrt nicht genug bekommen. Das mit der Polizei nahmen die Schlittenfahrer sowieso nicht besonders ernst, denn sie wussten, dass es nur *einen* Dorfpolizisten gab. Und ob der schon wach war und Lust hatte, den Kindern das seltene Abenteuer kaputt zu machen?

»Nur heute mal«, riefen die Rennfahrer begeistert den Entrüsteten bei der Abfahrt entgegen, »morgen bringen wir wieder alles in Ordnung!«

Dieses Versprechen lösten am nächsten Tag tatsächlich einige ein, indem sie eimerweise Ofenasche von zu Hause herbeischleppten und der Glätte damit zumindest einigermaßen den Garaus machten. Die Bewohner der Poststraße konnten es wieder wagen, ganz vorsichtig ihre Häuser zu verlassen.

KAPITEL 15: VOGELKUNDE

Für eine andere Abwechslung im geruhsamen Winter sorgte dann Heinz. Er hatte eine Idee, Vögel viel besser beobachten zu können, als es durch die Entfernung normalerweise möglich war.

»Heh, Wolfgang, hast du Lust, Vögel zu beobachten?«

»Ja klar«, kam die schnelle Antwort. »Einfach ganz ruhig stehen bleiben, in die Luft gucken und warten, bis einer vorbeifliegt?«

»Könnten wir ja mal versuchen«, lachte Heinz laut. »Aber da wirst du nicht viel zu sehen bekommen. Ich denke ja nicht an zahme Wellensittiche oder Kanarienvögel, sondern an Amseln, Stare, Spatzen, kleine Singvögel wie Meisen, Buchfinken, Grasmücken und so. Die muss man schon austricksen, um näher ranzukommen. Ziemliche Glückssache.«

»Und wie soll das jetzt gehen?«

Wolfgang wurde langsam neugierig.

»Also, wir gehen in den Waschraum, der ja, wie du weißt, bei uns im Hof liegt; da hab' ich sogar schon was vorbereitet«, meinte Heinz grinsend und erhöhte damit die Spannung. Sie betraten hintereinander den Waschraum, zuerst der mit der Idee, gefolgt von dem Schaulustigen.

Heinz erklärte:

»Pass auf. Ich hab' hier ein großes, eckiges Gartensieb, also eigentlich ein Sandsieb, wie es auch die Maurer benutzen, mit dem man einfache Erde sieben kann. Und da bleiben die dickeren Erdbrocken oder auch Steinchen und Kies drin hängen, und nur die feine Erde geht durch. Wie du hier siehst, ist das feinlöchrige Sieb aus Metall und auf einem höheren Holzrahmen befestigt.«

»Willst du die Vögel durchsieben und sauber sortieren?«, reagierte spöttisch der Kleine.

»Quatsch«, lachte lauthals der Große. »Es geht ja noch weiter. Pass genau auf.«

Er langte nach einem dickeren Stück Holz – ungefähr zehn Zentimeter lang –, das mit einer langen Kordel verbunden war.

»Das wird ja immer besser«, hörte man die halblaute Stimme des erwartungsvollen Zuhörers. »Und jetzt?«

»Bleib du hier und guck, was ich auf dem Hof mache.« Heinz schnappte sich die Utensilien, blieb mitten auf dem Hof stehen, legte das große Sieb so hin, dass die eigentliche Siebfläche oben lag und der Holzrahmen darunter den Boden berührte. Jetzt hob er eine Seite des Teils an und stellte vorsichtig das mit der Kordel verbundene Holzstück hochkant unter eine Holzrahmenkante. Das Sieb stand nun schräg da und war nach drei Seiten etwas geöffnet. Es hatte also nur noch mit einer Kante Erdberührung. So langsam dämmerte es Wolfgang, was technisch vielleicht so ablaufen könnte. Heinz griff in seine rechte Hosentasche und es kamen Getreidekörner und Brotkrümel zum Vorschein. Geschickt warf er das Lockfutter unter das vorne hochgestellte Sieb, schnappte sich das freie Schnurende und bewegte es langsam und ohne stramm zu ziehen in Richtung Waschküchenfenster. Er klopfte an die Scheibe und bat Wolfgang mit dumpf klingender Stimme, das Fenster einen Spalt zu öffnen und das Schnurende in Empfang zu nehmen.

»Und jetzt auf keinen Fall dran ziehen, sonst ist alles umsonst und wir müssen den Kram auf dem Hof wieder neu aufstellen!«, kam nun die klare Ansage.

Dann kehrte er wieder in die Waschküche zurück und übernahm mit wichtiger Miene vorsichtig das Kordelende.

»So, das hätten wir schon mal. Und nun wird nur noch ganz leise gesprochen, sich möglichst wenig bewegt und vor allem Geduld bewahrt. Leider gibt es hier drin keine Sitzgelegenheit, wir müssen also länger rumstehen und geduldig warten, ob und wann sich da draußen etwas tut.«

»Hab's verstanden. Klar doch«, flüsterte der Vogelfänger-Lehrling.

Keiner von den Hobbyfängern hatte eine Armbanduhr an und so konnten sie nur raten und schätzen, wie lange sie schon auf den ersten Gefiederten warteten. So ein Mist! Allmählich kam Langeweile auf und es wurde überlegt, die Aktion abzubrechen und das Ganze vielleicht ein anderes Mal zu probieren. Während die Gedanken kreisten, bewegte sich draußen was Graues in Richtung Sandsieb.

»Achtung, endlich geht's los. Volle Konzentration«, hörte man den Freizeit-Ornithologen aufgeregt flüstern.

Denkste! Es war ein kleines, verängstigtes Mäuschen, welches das köstliche Mahl erschnuppert hatte und sich, vorsichtig um sich spähend, dem Schmaus näherte.

»Schnell, renn raus und vertreib die Maus, sonst können wir noch länger auf einen Vogel warten; aber sei vorsichtig, wirf nur nichts um!«, zischte Heinz warnend.

Der Befehl wurde sofort ausgeführt und dann hieß es wieder geduldig warten. Geduldig? So lange die Aufmerksamkeit zu wahren, gestaltete sich immer schwieriger. Gerade als die Anspannung die Talsohle erreicht hatte, flatterte etwas Schwarzes durch die Luft, landete unmittelbar vor dem Interesse erweckenden Teil und trippelte, die Umgebung genau taxierend, vorsichtig unter das Sieb. Die Beiden waren schlagartig aus dem Halbschlaf erwacht, Heinz zog ruckartig an der langen Kordel, das daran befestigte Stück Holz fiel um, das Sieb lag platt auf der Erde und schwupp – das Tier war gefangen. Jetzt nichts wie raus und gucken, welche Beute ins Netz – besser gesagt – unters Gitter gegangen war.

Die aufgeregte Amsel tänzelte hin und her und suchte hektisch nach einer Lücke zur Flucht; der Appetit auf das Streufutter war ihr erstmal vergangen, nichts wie raus. Ging aber nicht. Die Köpfe der aufgeschreckten Jungs hingen erwartungsvoll über dem Sieb und dem sich ängstlich duckenden, schwarzen Gefiederten. Man wollte die Vögel doch nur beobachten, und die trickreiche Fangkonstruktion war lediglich Mittel zum Zweck. Aber die Sache war nicht so einfach wie ausgedacht. Die Sicht durch das engmaschige Sieb war stark eingeschränkt und die Amsel hatte kein Interesse, sich durch besonders ruhiges Verhalten für eine exakte Beobachtung darzustellen. Im Gegenteil. Sie hob immer wieder ihre Flügel an, in der Hoffnung, eine Lücke für die Flucht zu finden. Wenn es anstelle des Metallsiebs eine Glasscheibe oder so was Ähnliches gewesen wäre – ja dann … dann wäre die aber vielleicht kaputtgegangen! Die ursprüngliche Erwartung der Naturforscher war jedenfalls eine andere als das jetzige, enttäuschende Ergebnis. Man hatte auf keinen Fall geplant, aufs Ganze zu gehen und den völlig verunsicherten Vogel in die Hand zu nehmen. Nein, das wollte man dem Tier nicht antun.

»Ich glaube, wir brechen unser Experiment einfach ab«, meinte kleinlaut Heinz. »Wer weiß, ob überhaupt noch andere Piepmätze kommen, und wenn, sind die so aufgeregt, dass wir wieder nichts richtig beobachten können. Und vor allem das doofe Sieb. Man kann da kaum was richtig erkennen! Das habe ich leider zu wenig bedacht. Tut mir leid.«

»Da hast du Recht, ich glaube, wir hören damit auf«, antwortete enttäuscht der Biologieschüler.

Die Sache war entschieden. Heinz hob das runtergefallene Sieb vorsichtig hoch und der schwarze Vogel schien beim Starten in die Freiheit einen neuen Geschwindigkeitsrekord aufstellen zu wollen. Die mühsam ausgedachte und sorgfältig installierte Fangtechnik war alles andere als optimal.

Jedenfalls war das biologisch untermauerte Interesse an Vogelbeobachtung vorerst erloschen. Es galt, andere winterliche Unterhaltungslücken zu schließen. In einem kleinen Dorf gar nicht so einfach.

KAPITEL 16: SCHWIERIGE BEKANNTSCHAFT

›Verwandtschaft kann man sich nicht aussuchen. Bekanntschaft aber auch nicht immer.‹

So wie Familie Nowak, auch ein aus Schlesien geflüchtetes Ehepaar, welches Wolfgangs Mutter Inge damals in der alten Heimat als noch ledige Kollegin und ledigen Kollegen in der Arbeitsstelle kennengelernt hatte. Dazu gesellte sich der auf Wolfgang bezogen in etwa gleichaltrige, völlig verzogene Sohn Rüdiger. Die Nowaks glaubten, auf Grund der alten, lockeren Verbindung, dieselbe hier im Rheinland wiederbeleben, besser gesagt, verstärken zu müssen. Wolfgang verdrehte nur die Augen, wenn Mutter diesen Besuch ankündigte.

»Ich weiß, ich weiß, aber das musst du halt verstehen, wir kennen uns von früher. Der Besuch geht auch wieder vorbei«, waren die erklärenden Worte der unerfreut wirkenden Mutter. Die rückten dann per Bus an. Frau Nowak, in diesem Fall von Wolfgang wohlweislich mal nicht mit Tante angesprochen, Herr Nowak und der vorlaute Rüdiger. Einmal saß zufällig auch Wolfgang mit ein paar Freunden in demselben Bus, in welchem die Nowaks zu den alten Bekannten aufgebrochen waren, hinten in der letzten Reihe. Und noch bevor der Bus richtig Fahrt aufgenommen hatte, ging das Elend schon los. Frau Nowak hatte den Jungen schon beim Einsteigen entdeckt und hatte nichts Besseres zu tun, als sich vom vorderen Sitzplatz aus umzudrehen und durch den ganzen Bus nach hinten bis zur letzten Reihe lauthals zu rufen:

»Und, Wolfgang, was macht die Schule? Stimmen die Noten? Ist deine Mutter zufrieden? Sind deine ungezogenen Freunde da hinten bei dir immer so laut und haben nur Blödsinn im Kopf?«

Das war doch der Hammer. Aber die Kumpels auf der letzten Bank juckte das blöde Gerede überhaupt nicht. Sie amüsierten sich prächtig, Wolfgang hingegen wäre am liebsten vor Scham in den Polstern versunken. Er quälte sich, da er gut erzogen war, ein klägliches »Ist alles in Ordnung« ab, in der Hoffnung, die für einen jungen Menschen verdammt peinliche Situation hinter sich gebracht zu haben. Aber es flogen leider noch weitere taktlose Sätze von vorne nach hinten und es endete mit:

»Na ja, das andere kannst du ja dann gleich erzählen, wenn wir uns zum Besuch bei euch zu Hause treffen. Sind deine Oma und Opa auch da? Wäre schön.«

Wenigstens hielten sich ihr Gatte und der Herr Sohn an dieser Stelle zurück. Das wäre sonst überhaupt nicht mehr zum Aushalten gewesen. Der einzige Trost: der Besuch wurde nur ein bis zwei Mal im Jahr angedroht. Die unangenehmen Besucher und Wolfgang gingen nach der Ankunft des Busses von der Haltestelle gemeinsam zwei Straßen weiter in Richtung der wartenden Bekannten: Inge. Dabei redete lediglich die eine. Aber was, das interessierte eigentlich keinen. Es war einfach nur lästig.

Schließlich traten Wolfgang und die Familie Nowak in die Kaffee-duftende kleine Wohnung ein.

»Na, Wolfgang, wen hast du uns denn da mitgebracht?«, strahlte gekünstelt und leicht verkrampft Mutter Inge. Und ohne eine Antwort abzuwarten:

»Ah, ich seh' schon, die lieben Nowaks. Dann kommt bitte rein. Ihr habt bestimmt Durst.«

Und wie. Und Appetit. Der schlesische Mohnkuchen auf dem schön gedeckten Tisch wartete schon darauf, für den Besuch ›aus der kalten Heimat‹ herhalten zu müssen. Zusätzlich zu dieser schlesischen Spezialität gab es noch die in dieser Zeit fast obligatorischen, hier in der Region sehr beliebten Windbeutel. Gesüßte Sahne in ausgehöhltem Brandteig. Dazu der frisch aufgebrühte Bohnenkaffee. War das nicht herrlich, über Gemeinsamkeiten aus alten, vergangenen Zeiten zu erzählen? Obwohl leider auch sehr traurige Ereignisse hinter allen lagen. Es hätte unter normalen Umständen einen unterhaltsamen Plausch miteinander geben können. Aber nicht mit Familie Nowak. Hier geriet das freudige Treffen schnell zu einer einseitigen Angelegenheit, denn Frau Nowak war in ihrem Wortschwall nicht zu bremsen. Bevor ein anderer was sagen konnte, wusste sie schon alles, und zwar besser.

Jedenfalls meinte sie das. Sie führte das Wort, und die Gastgeber Inge mit ihren Eltern Maria und Willi wurden beim Versuch des Wortergreifens quasi erstickt. Herr Nowak, ein gemütlich wirkender, zurückhaltender, mit Schlips und Kragen gestylter Beamter, versuchte umsonst, ein wenig Ruhe und Gelassenheit in die Runde zu bringen, wurde dabei aber sofort unterbrochen.

»Habt ihr eigentlich schon bemerkt, was mein lieber Mann für einen außergewöhnlichen neuen Ring trägt? Mit einem echten Lapislazuli.«

Die mentale Begeisterung stand allerseits voll auf der Bremse, aber rein äußerlich zeigten sich scheinbar interessierte, zustimmende Mienen.

»Schönes Teil«, bemerkte kurz und knapp mit gedämpftem Ton Opa Willi, der von so etwas nicht die geringste Ahnung hatte und sich auch nicht die Bohne dafür interessierte.

Diese Monolog-Unterbrechung konnte Frau Nowak nicht lange im Raum stehen lassen:

»Und du, Rüdiger, nimm dir doch ruhig schon mal da vorne das große Stück Kuchen, du magst doch so gerne Mohnkuchen.«

Und zu den Bekannten gewandt:

»Der arme Kerl hat doch immer so einen großen Hunger. Er hat sich schon richtig auf den Kuchen gefreut.«

Das hätte Rüdiger garantiert auch ohne den Hinweis seiner Mutter in Angriff genommen. Er war es von zu Hause gewöhnt, das größte Schnitzel, den meisten Nachtisch und anschließend noch Schokolade oder ein Eis zu bekommen.

»Rüdiger wächst ja so schnell, der braucht das halt«, war die unaufgeforderte Erklärung für das Reinstopfen von Mohnkuchen und Windbeutel. Man sah es Rüdiger auch an.

Wolfgang hatte sich mittlerweile nahezu komplett zurückgezogen und sehnte sich inständig nach der nächsten Abfahrtszeit vom Bus.

»Übrigens schade, dass wir so weit auseinander wohnen. Wolfgang und Rüdiger wären bestimmt gute Freunde. Sie müssten sich halt öfter sehen können, aber leider ...«

»Ja, leider ist das etwas schwierig. Die schlechte Busverbindung und so«, versuchte Oma Maria mit vorgetäuscht betrübtem Blick die schwankende Stimmung zu retten.

›Nie und nimmer‹, dachte Wolfgang. Freundschaft mit diesem verzogenen, vorlauten Kerl, der das Besserwissen seiner Mutter wohl geerbt hatte und sofort reinquatschte, wenn ihr mal kurz die Luft ausging. Das konnte garantiert nichts werden.

Das, was übrigens Herr Nowak ansatzweise murmelnd kundtun wollte, ging völlig unter. Er saß sprichwörtlich in der zweiten Reihe und blickte öfter etwas verlegen auf seinen neuen Lapislazuli.

Nach langanhaltenden und nervigen, banalen Vorträgen seitens Frau Nowaks schleppte sich die Zeit nur so dahin. Die Gemahlin vergaß auch nicht, nochmal auf den wertvollen, ungewöhnlichen Ring des Herrn Gemahls hinzuweisen. Nicht vorstellbar, die anderen hätten den neuen, wertvollen Ring übersehen. Opa Willi hatte schon mehrfach auf die Uhr geschaut und scheinheilig gefragt, wann sie denn leider schon zum Bus müssten. Es wäre doch so unterhaltsam gewesen und man hätte bestimmt noch viel zu erzählen gehabt. Wirklich schade. Naja, dann halt beim nächsten Mal. Dabei handelte es sich hoffentlich erst wieder um das nächste Jahr.

Kaum hatte sich das heimatliche Besucher-Trio leicht wehmütig verabschiedet und die Wohnung verlassen, ebbten die gemeinsamen Heimatgefühle ganz schnell ab und die Zurückgebliebenen atmeten auf. Erleichterung machte sich breit, und die Gastgeber freuten sich auf einen gemütlichen Abend ohne so einen unangenehmen Besuch.

Wie gesagt:

›Verwandtschaft kann man sich nicht aussuchen. Bekanntschaft aber auch nicht immer.‹

KAPITEL 17: ONKEL ROBERT

Mit Begeisterung begrüßte Wolfgang seinen Onkel Robert, Mutters einzigen Bruder, wenn der eine berufliche Reiseunterbrechung machen konnte und zu einem Kurzbesuch auftauchte. Was leider sehr selten vorkam. Dann nämlich hatte der noch junge Onkel viel Spannendes zu erzählen. Von anderen Landschaften und Städten in Deutschland, von speziellen Bräuchen und Essgewohnheiten, von abenteuerlichen Autoerlebnissen. Wie er zum Beispiel mal mit einem dreirädrigen Kleintransporter namens Goliath in einer engen Kurve einfach umgekippt ist; oder mit einem anderen, wassergekühlten Vehikel bei fast jedem längeren Anstieg anhalten und warten musste, bis sich das Kühlwasser kurz vorm Kochen wieder an seine eigentliche Aufgabe erinnerte und mit der Temperatur widerwillig langsam runterging. Und schon konnte die Fahrt fortgesetzt werden.

Da der Onkel zu dieser Zeit noch ledig war und durch die gemeinsame Flucht aus Schlesien besonders an der Familie hing, verbrachte er auch schon mal ein paar Tage seines Urlaubs hier bei seiner Familie in der neuen Heimat – im Rheinland. Dann kümmerte er sich auch gerne um seinen Neffen Wolfgang. Er versuchte ein wenig das zu bieten, was seine Schwester Inge nicht leisten konnte, weder finanziell, noch was die Mobilität betraf.

Ein paar kleine Autoausflüge in die nähere Umgebung vom Westerwald und der Eifel oder in ein etwas entfernter gelegenes Thermalbad, wo Wolfgang sogar schwimmen lernte. Die Badehose hatte zwar nach dem Ausstieg aus dem warmen, vom kräftigen und gesunden Eisengehalt braun gefärbten Wasser das Kolorit gewechselt und sich dem nassen Milieu farblich gut angepasst, aber das war dann auch egal und ließ sich wieder auswaschen.

Besichtigung der imposanten Festung Ehrenbreitstein mit herrlichem Blick auf den Zusammenfluss von Rhein und Mosel, Besuche von romantischen Weinorten und Fachwerkstädtchen, Aufstieg zum sagenumwobenen Drachenfels im Siebengebirge.

Der ›backsteinblonde‹ Onkel hatte Spaß daran, etwas für seine aus Schlesien geflüchtete Familie tun zu können. Und die war sehr dankbar. Von ihm bekam Wolfgang zu Weihnachten auch seine erste elektrische Eisenbahn mit der Spur N, also mit der Spurweite 9mm. Das war dem geringen Platz in dem kleinen Wohnzimmer geschuldet. Der damals gängige Maßstab H0 (gesprochen Ha-Null) mit der Spurweite 16,5mm hätte den Platzrahmen gesprengt. Wolfgang strahlte und fing sofort an, Gestaltungspläne für eine umgebende Landschaft zu schmieden. Das wurde dann später auch realisiert, indem er als Erstes Bausätze von Modellhäuschen mit Beleuchtung und einen repräsentativen Bahnhof zusammenbaute. Sein älterer Cousin Ewald half ihm, aus versteiftem und eingefärbtem Packpapier einen Tunnel zu bauen, durch den der kleine Zug mit vier Anhängern kurz verschwinden und wieder auftauchen konnte. Onkel Robert war es auch, der ein paar Jährchen später seine Schwester Inge und den Neffen Wolfgang zu einem Kurztrip nach Italien einlud. Einem kleinen Badeort, nicht allzu weit weg von Venedig. Das war verständlicherweise für die Beiden das Größte! Zum ersten Mal Meer und Strand erleben und dazu eine Visite nach Venedig! Wahnsinn! Ab in den sonnigen Süden! Die Reaktionen überschlugen sich:

»So eine große Entfernung!«

»Hoffentlich hält das Auto durch!«

»Bekommen wir überhaupt alles unter?«

»An das andere Essen werden wir uns gewöhnen müssen.«

»Wie können wir uns verständigen?«

Letzteres tauchte dann tatsächlich als Problem bei der Zimmersuche auf. Nach der Anfrage bei der Inhaberin einer Pension merkte diese schnell, um was es sich handelte und sagte wiederholt »Occupato. Occupato.«

Weitere Unterkunftssuchende waren eingetroffen und hatten ebenfalls das »Occupato« mitgehört. Nach den fragenden Blicken aller Anwesenden hatte einer eine plötzliche Eingebung:

»Moment, lateinisch ›occupare‹, dann der Begriff ›Occupation‹… das heißt doch, soweit ich weiß, besetzen, die Besetzung, die Besatzung … Ich hab's: Es ist besetzt, es ist belegt, die Zimmer sind alle belegt.«

Die Vermieterin hatte die Erleuchtung wohl registriert, warf einen bekümmerten Blick auf die suchende Gruppe und legte ihre rechte Hand auf die Brust als Symbol für: Tut mir leid. Da müsst ihr wohl weitersuchen.

Genau das wurde gemacht, und irgendwie bekam man schließlich alles geregelt. Es war aufregend und wunderschön zugleich.

Auch später, als Onkel Robert verheiratet war und sich zusammen mit seiner Frau Erika im Deister, einem Höhenzug in der Nähe von Hannover niedergelassen hatte, konnten Wolfgang und seine Mutter dort einen Teil der Ferien verbringen. Für Wolfgang faszinierend war der Gedanke, dass manchmal die Fußball-Nationalelf ganz in der Nachbarschaft ihr Länderspieltraining absolvierte. Schon allein die Vorstellung, dass die Stars in der Nähe kickten, brachte Wolfgangs Kopf zum Glühen, auch wenn er niemals einen der Helden zu Gesicht bekam.

Ein tierisches Erlebnis hat sich in Wolfgangs Kopf förmlich eingebrannt. Der Hauswirt und Vermieter von Onkel Robert, welcher hinterm Haus einen Garten mit viel Grünzeug und ein paar Kleintieren sein Eigen nannte, hatte dem Onkel zum Sonderpreis eine Gans angeboten – wohlgemerkt eine lebende zum Selberschlachten. Weil gerade Herbstferien waren und Schwester Inge mit Sohn Wolfgang zu Besuch weilten. Eine nette Geste. Onkel Robert besprach sich kurz mit seiner Frau Erika und beide willigten ein. Direkt am nächsten Tag sollte das Festmahl zelebriert werden. Der Hauswirt stapfte hinters Haus, wo das ganze Federvieh fröhlich schnatternd umherlief, packte das vorher schon ausgesuchte, laut zeternde und strampelnde Tier, trug es ins Waschhaus und überreichte es stolz seinem Mieter, der zwecks Übernahme des weißen Schreihalses und baldigen Bratens schon erwartungsvoll bereitstand. Bewaffnet mit einem scharfen, großen Küchenmesser, das gespannt auf einem alten Stuhl lag und auf seinen Einsatz wartete. Er rief zur Verstärkung ...? oder wegen des Lernprozesses ...? oder um einen Mittäter zu haben ...? noch schnell nach Wolfgang, der etwas unwillig und leicht irritiert wirkend die mörderische Szene betrat.

»So, dann wollen wir mal. Du magst doch Gänsebraten?«, räusperte sich verlegen der Onkel, indem er rückwärts nach dem Neffen schaute. Und Wolfgang wagte nicht zu widersprechen.

»Ja, natürlich. Eigentlich schon«, tönte es kleinlaut nach vorne in Richtung Mordopfer und Onkel.

Der redete noch eine Weile zwecks Selbstberuhigung weiter, klemmte sich das entrüstete Tier fest unter den linken Arm, zuppelte der fauchenden Schnatterliese vorsichtig ein paar Halsfedern ab, bevor er das Messer mit der rechten Hand ergriff, um es schnell wieder sinken zu lassen. Und dann passierte Folgendes. Er drückte den Kopf und einen Teil des langen Tierhalses um die Türecke, sodass der schwere Tierkörper in diesem, vom potenziellen Mörder besetzten Raum blieb, und der Kopf mit dem orangefarbenen Schnabel sich quasi im angrenzenden Raum befand.

»Geh mal lieber wieder etwas zurück, das ist sicherer«, klang es jammervoll von vorne.

Wolfgang war jetzt völlig verunsichert, machte einige Schritte rückwärts und harrte der Dinge, die sich anbahnten.

Onkel Robert blickte unentschlossen nach hinten, um zu kontrollieren, dass Wolfgang seiner Aufforderung gefolgt war, hob jetzt das Messer in die Höhe in Richtung Gänsehals, ohne dem Tier in die Augen blicken zu müssen, da diese sich ja gezwungenermaßen im nächsten Raum aufhielten. Aber all diese Vorbereitungen haben wohl nichts genützt, denn der tierliebende Onkel stoppte den geplanten Tötungsvorgang, senkte das Messer, legte es wieder auf den alten Stuhl, setzte die Gans vorsichtig auf den Boden und flüsterte sichtlich erleichtert in Richtung der geretteten Kreatur:

»Hast Glück gehabt. Watschle schnell davon – und nichts für ungut!«

»Und jetzt?«, fragte der blass gewordene Wolfgang.

»Was sagst du jetzt der Tante Erika, die schon den Nachbarn von dem Gänsebraten erzählt hat?«

»Ja ... das ... ehm ... das muss ich mir noch überlegen. Da wird mir noch was einfallen. Übrigens haben wir im Ort einen prima Metzgerladen, da sollten wir eigentlich einen guten Ersatz finden. Wir werden auch ohne diese Gans eine schöne Mahlzeit haben. Hast du gesehen, wie schnell das arme Tier davon gewatschelt ist? Irgendwie freue ich mich mit dem Tier mit. Und das Experiment mit der Gans solltest du am besten ganz schnell vergessen und nicht groß weitererzählen!«

»Klar, hab's verstanden, muss ja nicht jeder erfahren; hab doch gesehen, wie glücklich das arme Tier losgewackelt ist«, kam die beruhigende Bestätigung des kleinen Tierfreundes.

KAPITEL 18: VOLKSSCHULE

Da auch lange nach Kriegsende durch die vielen Vermissten und Gefallenen noch überall Lehrermangel herrschte und außerdem viele ehemalige Nazis nicht mehr in den Schuldienst übernommen wurden, musste viel improvisiert werden, um vorhandene Lücken zu schließen. Lehrerinnen waren noch eindeutig in der Minderheit. Es bestand die Meinung, Frauen hätten andere wichtige Aufgaben zu erfüllen: Familie, Kindererziehung, Kochen, Putzen, Nähen und dergleichen mehr. Nach der Einschulung, im ersten Schuljahr, wie es hieß, waren Männlein und Weiblein noch zusammen in einem Klassenraum.

Was Wolfgangs Gedächtnis noch lange beschäftigte, war eine nachgespielte Volksdichtung namens ›*Es waren zwei Königskinder*‹, fortgesetzt mit ›*die hatten einander so lieb. Sie konnten zusammen nicht kommen, das Wasser war viel zu tief*‹.

Es folgten noch eine ganze Reihe weiterer Strophen, die aber auf Grund ihrer verschrobenen Ausdrücke das kindliche Erinnerungsvermögen deutlich überforderten. Es gab von dieser leicht blutrünstigen Überlieferung erstaunlich viele Variationen, wobei der Ursprung vermutlich schon in der griechischen Antike lag. Aber was sich bei dem kleinen Nachwuchsschauspieler Wolfgang in seinem Kopf verewigt hatte, war eine für den Schulanfänger vom Lehrer auferlegte peinliche Situation. Es stand im Text sowas wie ›*in die Arme nehmen und auf den toten Mund küssen*‹. Wolfgang spielte den ertrunkenen Jüngling, der mit dem Kopf auf dem Schoß einer zwar hübschen, aber auch irgendwie fremden Mitschülerin lag, und sich von dieser auf den Mund küssen ließ. Küssen lassen durfte? Küssen lassen musste? Oder war es nur angedeutet? So genau wusste er es auch nicht mehr. Jedenfalls war es einfach peinlich. Aber diese vom Lehrer geplante und dramaturgisch vorbereitete Aufführung war eine herausgegriffene Krönung der ersten Volksschulzeit.

Es dauerte gar nicht so lange, da kam dann schon wieder ein neuer Lehrer, namens Kaminski; der alte ging in Pension. Herr Kaminski war, wie sich bald herausstellte, ein gemütlicher, freundlicher Mensch. Für die leicht undisziplinierte Horde ein zu freundlicher Mensch. Das wird von so kleinen Rabauken ganz schnell mal als Aufforderung zu üblen Späßen ausgenutzt, mit Austesten der Autoritätsgrenze. Deshalb musste Herr Kaminski leider öfter als gewöhnlich zum Mittel des ›in die Ecke Stellens‹ greifen. Das ging auch nur so lange gut, wie der Herr Lehrer alles frontal im Blick hatte. Sobald er sich umdrehte und mit wichtigen Erläuterungen fortfuhr, hatte er ruckzuck eine Wäscheklammer hinten am Jackett hängen. Als boshafte Variante auch aus dem Füllfederhalter rausgeschleuderte Tinte. Da er hinten keine Augen hatte und den Schabernack nicht bemerkte, war ihm das einsetzende Gelächter der Schulklasse unerklärlich und er meinte nur:

»Ihr seid heute ja wieder mal ganz schön albern. Hat einer 'nen doofen Witz erzählt, oder was?«

Er blickte aufmerksam in die Runde und es begegneten ihm aus allen Richtungen verschiedene, nicht so ganz überzeugende Antworten.

»Nöö, eigentlich nicht.«

»Wir sind halt gut gelaunt und haben einfach Spaß am Unterricht!«

»Ich find's immer prima, wenn Sie von den Tieren erzählen. Was die für Tricks draufhaben und so.«

Der Lehrkörper fand wieder seine Balance.

»Das freut mich richtig. Dann können wir jetzt wohl weitermachen.«

Eine Besonderheit gabs auch noch. Der körperlich benachteiligte und geistig zurückgebliebene Paul hatte mal heftig den Unterricht gestört, dass sich selbst der gutmütige Lehrer in die Lage versetzt sah, den bedauernswerten

Mitschüler in die Ecke stellen zu müssen, mit dem Gesicht zur Wand. Alle warteten gespannt, wie lange das gutgehen konnte, denn Geduld war für Paul ein Fremdwort. Gerade als man sich wieder mehr auf den Unterricht konzentrierte, passierte es. Paul guckte sich vorsichtig in Richtung des Lehrers nach hinten um, fühlte sich momentan unbeobachtet, griff nach der neben ihm auf dem Boden stehenden Tintenreserveflasche, und begann diese ganz langsam umzudrehen und vorsichtig auszukippen, bis sich eine tiefdunkelblaue Tintenlache auf dem alten Holzboden breitmachte. Die heimlichen Zuschauer waren mucksmäuschenstill, sodass Herr Kaminski wegen der ungewohnten Grabesstille aufmerksam wurde. Was war jetzt wieder los? Da stimmte doch was nicht. Er drehte sich im Kreis herum und erblickte die Sauerei. Aber, anstatt seinem Ärger mit deutlichen, lauten Worten Luft zu verschaffen, beschwichtigte er die brenzlige Situation mit Unterstützung seiner sich mehrfach nach unten zeigenden Arme. Und an die Klasse gewandt:

»Ich bitte um Ruhe. Normalerweise müsste ich jetzt laut schimpfen, ja sogar losschreien und eine saftige Strafarbeit aufgeben. Aber ich denke, Paul weiß nicht genau, warum er das gemacht hat. Wahrscheinlich aus Rache fürs Eckestehen und um auf sich aufmerksam zu machen. Ihr kennt ihn ja. Er hat es bestimmt nicht bös gemeint.«

Paul schaute neugierig auf den größer werdenden Schandfleck, erschrak dann selbst und überlegte anscheinend, wie er das Malheur in Ordnung bringen könnte. Herr Kaminski, der Schlimmeres auf sich zukommen sah, kam ihm zuvor.

»Im Vorraum gibt es einen Putzeimer mit Lappen. Wer erbarmt sich und wischt das auf?«

Die Frage stand eine ganze Weile im Raum, bis sich jemand mit hochgestrecktem Finger meldete.

»Gut, Erwin, danke, dass du die Sauerei wegmachen willst.«

Der erschrockene Paul, der einige Tintenflecke als Erinnerung an den Händen und den Hosenbeinen konservierte, durfte wieder seinen Platz in der Bank einnehmen. Das schulische Abenteuer fand sein Ende und der Unterricht konnte weiterlaufen.

Allgemein lag noch vieles im Argen. Es fehlte an Arbeitsmaterial, im Winter an Kohle für die Kanonenöfen und überhaupt an genügend komplett ausgestatteten Klassenräumen. Fazit: Die Schüler mussten auf zerknitterte Landkarten starren, die Schulbänke hätten längst erneuert werden müssen, bei Kälte saßen sie mitunter in schlecht geheizten Räumen. Lediglich *ein* Lehrer war für alle Fächer zuständig und unterrichtete oft mehrere Jahrgänge gleichzeitig in einem einzigen Klassenraum. Zum Beispiel saßen erstes bis viertes Schuljahr fröhlich vereint zwischen vier Mauern. Der Begriff Jahrgang wurde üblicherweise ersetzt durch Schuljahr. Erstes Schuljahr in der linken Bankreihe, zweites in der daneben und so weiter.

Später wurden, nachdem sich die Raumsituation verbessert hatte und noch zwei weitere Lehrkräfte dazukamen, die Jungs und Mädels getrennt unterrichtet. War das eine Verbesserung? Es war ein Versuch, und selbst das überschaubare Lehrerkollegium war geteilter Meinung.

Wenn sich schon mal ein ganz besonderes Talent herausbildete, gab es für denjenigen oder diejenige einen Sprung z.B. von dem zweiten Schuljahr direkt ins vierte. Ganz selten gabs in der Volksschule den Fall: »Nicht versetzt«.

Egal wie, heftige Diskussionen in den Klassen und in den Elternhäusern waren als Folge eines ›Sprunges nach oben oder unten‹ unvermeidlich. Aber welcher Lehrer kann es schon allen rechtmachen?

Jetzt zu Lehrer Weber.

»Alle mal herhören!«

Und mit einem deutlichen Fingerzeig:

»Schuljahr zwei, also von mir aus gesehen die zweite Reihe von links, schreibt den Aufsatz über das schönste Ferienerlebnis, und Schuljahr drei, die dritte Reihe von links, bekommt jetzt von mir neue Rechenaufgaben.«

Das war die markante Stimme von Herrn Weber, dessen Hobby es war, jeden Morgen vor Beginn des eigentlichen Unterrichts das Einmaleins abzufragen. Einzelne wurden kreuz und quer aufgerufen mit der sicheren Erwartungshaltung, dass die Lösung wie aus der Pistole geschossen kam. Das funktionierte auch erstaunlich gut, da das Abfragen jeden nächsten, übernächsten, überübernächsten Morgen erbarmungslos wiederholt wurde. Keine schlechte Idee; sowas kann im ganzen Leben wirklich nützlich sein. Was nicht unbedingt für manche Lehrinhalte gelten muss, die mehr oder weniger nur mal angetippt werden und schnell wieder in Vergessenheit geraten.

Durch die verschiedenen Schuljahrgänge, die sich zusammen in einem Raum befanden, war es eine hohe akustische und große Disziplin verlangende Herausforderung, alle parallel gleichermaßen gut zu beschäftigen.

Der Musikunterricht, auf den sich Wolfgang ganz besonders freute, sollte was Besonderes werden. Wieso? Der Lehrer hatte schon am Vortag angekündigt, dass es nach langer Zeit morgen mal wieder Musikunterricht gäbe. Neben gelegentlichem Absingen von Volksliedern und der deutschen Nationalhymne passierte in diesem Fach das ganze Jahr über nicht allzu viel. Unter Umständen fielen ausnahmsweise mal die Namen Bach, Mozart, Beethoven, ohne jedoch groß theoretisch darauf einzugehen, geschweige denn zumindest kleine Teile von deren Werken in irgendeiner Form hörbar zu machen. Wie auch? Ein Klavier gab es nicht und der Lehrer hatte sich auf einem solchen Instrument, wie er mal erzählt hatte, noch nie versucht. Der für seine Rechenkünste bekannte Lehrer Weber, jetzt zum Musikunterricht verdonnert, kam am besagten, angekündigten Tag mit einem leicht deformierten Instrumentenkoffer an, pustete noch den sich darauf offensichtlich monatelang angesammelten Staub ab, öffnete das Behältnis und – es kam eine Geige zum Vorschein. Die auf Grund des seltenen Erlebnisses ratlos dasitzenden Schüler wussten nicht, ob jetzt Freude oder Leid zu Tage trat. Die Erwartungshaltung war jedenfalls groß. Der heute für das Unterrichtsfach Musik designierte Musiklehrer legte dann auch forsch los mit der Bemerkung:

»Wie ihr vielleicht schon mal gehört habt, muss so ein Instrument wie meine Geige erstmal gestimmt werden. Durch das lange Rumliegen und durch Temperaturschwankungen verstimmen sich die Saiten. Saiten schreibt man übrigens hier mit a-i, nicht mit e-i, wie bei einer Heft- oder Buchseite. Die schwankenden Raumtemperaturen verändern die Längen der Darmsaiten; sie können sich je nachdem etwas zusammenziehen oder ausdehnen. Natürlich nur ganz wenig, für das Auge unsichtbar. Aber das reicht, um die Töne für das empfindliche Ohr schräg klingen zu lassen. Also passt auf und hört gut zu, was ich mache. Vorher muss ich euch noch was erklären. Also, die Geige, die man auch Violine nennen kann, hat vier verschiedene Saiten. Die nennen sich, vom tiefsten bis zum höchsten Ton gesehen G-D-A-E. Bei meiner Geige ist materialmäßig die tiefste aus Stahl, weil das die dickste Saite ist, die anderen sind aus Darm, aus einem Tierdarm.«

Das schlagartig einsetzende Gelächter der gespannt zuhörenden Volksschüler lockerte zwar die steife Atmosphäre auf, führte aber beim Lehrer zu absolutem Unverständnis.

»Kann die Geige mit dem Darm auch pupsen?«, flüsterte einer kichernd zu seinem Nachbarn.

»Jetzt hört endlich mit dem Unsinn und blöden Lachen auf und konzentriert euch auf das, was ich erkläre«, rief empört der offenbar nicht ganz ernst genommene Künstler in den Raum.

Ja, er war sichtlich verärgert und fühlte sich einfach unverstanden. Es dauerte eine Weile, bis sich alle Zuhörer wieder beruhigt hatten und er mit der Musikstunde fortfahren konnte. Der eigentliche Akt des Geigenstimmens setzte ein und es ging ein verhohlenes Raunen durch den Raum.

»Zuerst wird immer die A-Saite gestimmt. Das ist der sogenannte Kammerton, der beim Stimmen der verschiedenen Orchesterinstrumente der sogenannte Leitton ist. Auf diesen Ton müssen sich alle anderen Instrumente beziehen, damit überhaupt ein harmonischer Klang entstehen kann.«

Sprachs und beschäftigte sich mit Hilfe einer kleinen Stimmpfeife zuerst mit der A-Saite, bevor er sich langsam an die anderen drei Saiten ran wagte. Das löste weder eine Begeisterung aus, noch entwickelte sich ein größeres Verständnis.

»Damit soll dann richtige Musik entstehen?«, murmelte einer, geduckt und versteckt hinter dem Rücken des Vordermannes.

»So, ich glaube, die Stimmung ist jetzt ganz in Ordnung. Diese Vorarbeit muss halt leider immer sein. Beim Klavier ist durch die Tasten alles festgelegt. Bei Streich-, Zupf- und Blasinstrumenten aber muss vorneweg immer gestimmt werden, damit alles passt.«

Es entstand eine kleine Kunstpause, um den Zuhörenden die Gelegenheit zum Verarbeiten der den meisten fremd vorkommenden Materie zu geben. Nur ganz vereinzelt zeigte sich ein verständnisvolles Nicken. Womöglich auch aus Mitleid.

»Gut. Dann will ich euch jetzt mal ein bekanntes Volkslied vorspielen, das ihr garantiert alle schon mal gehört habt. ›Ännchen von Tharau‹.«

Man war sich bei der lauschenden Gemeinschaft offenbar nicht so ganz einig, ob man das Lied kannte, beziehungsweise überhaupt kennen musste, oder eher nicht.

Aber egal, alle wollten endlich das klingende Highlight am eigenen Leib erfahren. Der selbsternannte Künstler konnte beginnen. Nach den ganzen, anstrengenden Erklärungen musste man nochmal alle Sinne konzentrieren, denn jetzt kam ja der lang erwartete, musikalische Jahreshöhepunkt. Und der hatte es in sich. Wenn man ein Instrument wie die Geige die meiste Zeit des Jahres unbeachtet und gut verpackt in irgendeiner Ecke rumliegen lässt, und dann plötzlich unvorbereitet zum Leben erwecken will, sollte man auf das Vorspielen einmal im Jahr lieber verzichten. Das kann nichts werden. Und genau so stellte sich die Performance dar. Das berühmte ›Ännchen‹ war selbst für die wenigen, die das Lied schon mal gehört hatten, kaum als solches wiederzuerkennen; es ähnelte eher dem berühmten und oft zitierten Katzenkonzert. Hier würde ein Jahrzehnte später in einem Tonstudio gehörter Spruch hinpassen:

»Erst stimmen sie, aber spielen nicht. Dann spielen sie, aber es stimmt nicht.«

Es quietschte und jaulte zum Gotterbarmen. Die Demonstration eines feierlichen Geigenvortrags wurde dann seitens des Ausübenden auch deutlich abgekürzt, zum Wohlgefallen der Schüler und, wie auch deutlich sichtbar, zur Erleichterung des Lehrers.

Aber Lehrer Weber war nicht nur ein Mitleid erregender Musiker. Er war ja bekanntlich der große Rechenkünstler und ein großer Naturliebhaber. Das betraf beispielsweise das Fach Botanik, also Pflanzenkunde. Mindestens zweimal im Monat gab es die Aufgabe, am kommenden Tag irgendwelche Pflanzen, Kräuter, Unkraut – Grünzeug halt – für den Unterricht mitzubringen.

Diese – ich nenne es mal despektierlich Marotte – kannten alle schon lange und nahmen den wiederkehrenden Auftrag gelassen zur Kenntnis. Was geschah also am nächsten Morgen? Da eine solche, schon oft gehörte Ansage, eher Langeweile auslöste, agierte man auch entsprechend unaufgeregt. Da der Aufwand für diesen Unterrichtsteil wirklich überschaubar war, ging man an besagten Tagen einfach ein paar Minuten früher als üblich von zu Hause los, guckte sich in irgendwelchen Gässchen um, wovon es ziemlich viele gab, und rupfte wahllos Dinge ab, die einfach grün waren. An diesen Tagen und um diese Uhrzeit sah man Schüler hier und da mit Grünzeug in der Hand sternförmig in Richtung Schule laufen.

»Bitte alles, was ihr gefunden und mitgebracht habt, vorne, direkt hinterm Türeingang, auf einen Haufen legen«, schallte es bis nach draußen auf dem Flur. Nachdem die kleinen Naturkundler ihre Beute abgeliefert und die Sitzplätze in den harten Bänken eingenommen hatten, konnte der Kräuterpapst beginnen:

»Also, los gehts. Alle gut aufpassen.«

Jetzt griff er wahllos – oder war's gezielt? – nach einem Stängel, einem Blatt, einer Wurzel oder erwischte ein ganzes Gebilde und fing an, das Herausgepickte zu erklären.

»Hier seht ihr das Hirtentäschelkraut, das seinen Namen von der kleinen Kapsel oder Schote bekam, weil es wie eine Tasche der früheren Hirten aussieht; hier die Quecke ist ein fürchterliches Unkraut, das sich schnell verbreitet und unsere Nutzpflanzen stark schädigt; dieser gelb blühende Hahnenfuß sieht schön aus und wächst bevorzugt in feuchten Gebieten, ist aber leider giftig; das ist der dekorative Löwenzahn, dessen Blätter man auch gut für einen gesunden Salat nehmen kann. Besonders die leuchtenden, gelben Blüten sind bei Schildkröten als Futter sehr begehrt.«

Wenn Basilikum, Thymian oder Minze aus dem Biotop rausgezogen wurden, war es ziemlich klar, dass jemand den heimischen Garten geplündert hatte. Da war Lehrer Weber leicht im Zweifel, ob er sich wirklich klar ausgedrückt hatte. Aber letzten Endes musste er zugeben, dass auch der Begriff ›Kräuter‹ gefallen war. Es gehörte ebenfalls zur Abteilung ›Grünzeug‹; und sehr schmackhaftes und gesundes obendrein.

Schließlich gab es eine Erweiterung des Lehrstoffes bis hin in Mutters Küche, mit Tipps, welches Kraut für welches Gericht besonders geeignet schien. Jedenfalls duftete das ganze Klassenzimmer nach Natur – im besten Sinne. Ein angenehm schöner Zusatzeffekt neben der abgestandenen und etwas nach Schweiß riechenden Raumluft.

Außer diesen, summa summarum relativ schönen Schulerlebnissen, gab es leider auch für einige Betroffene entschieden weniger erfreuliche Aktionen.

»Du, und du hier vorne«, zeigte er mit seinem bekannten, hageren Zeigefinger auf zwei Kandidaten, »bringt mir morgen mal ein paar frische, nicht zu kurze Haselnuss – Stöcke mit. Ihr wisst ja, wo ihr die Bäumchen findet. Am Bach zum Beispiel stehen ziemlich viele rum. Die brauche ich für irgendwas. Und wofür genau, werdet ihr dann sehen.«

Die Älteren wussten sofort, was Sache ist, und schauten bedeutungsvoll in die Runde, wagten aber nicht, sich in irgendeiner Form zu äußern.

Am nächsten Tag wurden tatsächlich einige frisch abgeschnittene, schlanke Stöcke mitgebracht. Herr Weber begutachtete diese genau, packte sein Taschenmesser aus und brachte sie auf die von ihm gewünschte Länge. Dann stellte er sie ordentlich in die Ecke neben sein Lehrerpult.

Die Angelegenheit wurde die nächsten Tage durch neue, schulische Lernprozesse schnell zu den Akten gelegt. Aber dann, ein paar Tage später …

Es wurde ein Aufsatz über ›Mein schönstes Tiererlebnis‹ geschrieben, dafür war eine Zeit von einer Stunde angesetzt. Alle stürzten sich auf die Arbeit, einige schrieben sofort los, andere suchten eine passende Idee durch hilfesuchende Blicke in die Luft. Manchen kam die Stunde viel zu lang vor und manchen entschieden zu kurz. Herr Weber schaute mehrmals auf die Uhr, und pünktlich auf die

Minute wurden die Werke anschließend eingesammelt. Natürlich ohne Rücksicht, ob alle zu einem ordentlichen Schluss gefunden hatten. Bei Unterrichtsende packte der Lehrer alles in seine Aktentasche und meinte, dass er das in Ruhe zu Hause lesen und korrigieren werde. Also das Übliche.

Am nächsten Tag, nach dem obligatorischen Einmaleins abfragen, kam er zur Sache:

»Also, beim Korrigieren eures Aufsatzes sind einige spannende Dinge rausgekommen. Manche von euch haben wirklich schöne, lesenswerte Aufsätze über ihr schönstes Tiererlebnis geschrieben. Auch mit wenigen Fehlern. Aber das hält sich in Grenzen und kann, oder eher muss sich noch bessern. Vier von euch allerdings haben so viele Fehler gemacht, die ich einfach nicht durchgehen lassen kann. Du, du, du und du! Ihr kommt jetzt mal nach vorne und stellt euch in einer Reihe nebeneinander auf!«

Man musste dem Lehrer gehorchen, auch diejenigen, denen die nun folgende Prozedur schon bekannt war. Jetzt ging Herr Weber entschlossen zu seinem Pult, suchte sich einen ihm besonders geeignet scheinenden Haselnuss-Stock aus und:

»Jetzt ihr vier die Hände geradeaus nach vorne strecken, die Handfläche nach oben! Mal sehen, ob ihr nicht gescheit Schreibenlernen wollt. Die einfachsten Worte könnt ihr noch nicht mal. Ihr müsst zu Hause nicht nur ein Buch angucken, sondern auch lesen. Lesen! Wort für Wort. Satz für Satz. Und den Zusammenhang verstehen. Geht das nicht in euer Hirn rein?«

Jetzt umklammerte er den Stock, wandte sich dem am weitesten links Stehenden zu, holte aus und hieb feste auf die hingehaltenen Hände. Das Aufheulen tönte durchs ganze Klassenzimmer. So ein schlanker Stock hinterlässt auf einer nackten Handfläche eine große Wirkung. Diese Bestrafung war mittlerweile vielen bekannt, aber keiner wagte die Strafaktion zu stoppen. Dann kamen die nächsten an die Reihe. Da der Vollstrecker bei jedem Einzelnen seinen Senf zu der schriftlichen Unzulänglichkeit dazugab, konnte es schon mal passieren, dass er mit der Reihenfolge der Opfer durcheinanderkam. Weil er sich zwischendurch auch umdrehte, um der Klasse den Sinn seiner Aktion klarzumachen, versuchte ein noch nicht Bestrafter schon mal, sich schnell vorne in der Reihe hinzustellen und die Hände schmerzverzerrt so zu drücken, als ob er die schlagende Bestrafung schon hinter sich gebracht hätte. Und siehe da, wenn derjenige viel Glück hatte, kam es bei dem Lehrkörper auch gelegentlich zu größerer Irritation.

»Ach, ich glaube, du warst schon dran. Ich seh's ja.«

»Das tut auch verdammt weh«, war die jämmerlich geheuchelte Reaktion, und die Hände wurden kraftvoll ineinander verknotet. Die armen Kerle konnten einem wirklich leidtun. Sie sprachen nicht nur auf der Straße, sondern auch zu Hause nahezu ausschließlich den einheimischen Dialekt, Platt genannt. Insofern war es verdammt schwer mit der exakten Rechtschreibung. Da waren oft die hier im Dorf eingetroffenen Flüchtlinge, die auch in der Familie hochdeutsch sprachen, eindeutig im Vorteil.

Das Schlagen war eine nicht akzeptable, gnadenlose Bestrafung. Aber zu der Zeit hielten sich sogar die Eltern zurück, wenn sie von diesen erbarmungslosen Strafmaßnahmen erfuhren. Lehrer und Pastor waren eindeutig Respektpersonen, denen man nicht widersprechen sollte.

»Es wird schon einen triftigen Grund gegeben haben«, war die demutsvolle Meinung. »Schaden kann's auch nicht.«

Um jetzt zur Abwechslung etwas Positives über diesen schlagkräftigen Lehrer Weber zu sagen, gehen wir mal in den Bereich Tierkunde, beziehungsweise Zoologie; ein Teil des übergeordneten Begriffs Biologie, die Lehre vom

Leben, die den Menschen, die Tiere und Pflanzen jeglicher Art umfasst.

Hier öffnete er sein Herz für die Singvögel, die im Winter mühsam nach Futterquellen suchen mussten. Er bat seine Schüler, gelegentlich leergewordene Schuhcremedosen mitzubringen. Da gab es einige bekannte Firmen, welche diese flachen, runden Blechdosen als Behälter für das wichtige Schuhreinigungsmittel fabrizierten.

Für sein Vorhaben wurde auf dem Schulgelände in einem leerstehenden, auch im Winter unbeheizten Abstellraum ein Tisch benutzt, um den sich die Kinder gruppierten, wobei jeder mal nach vorne kommen durfte, um die handwerklichen Fähigkeiten des Lehrers bewundern zu dürfen.

»Also, da stellt euch mal so auf, dass möglichst viele beobachten können, was ich jetzt für die hungrigen Vögel, die im Winter schwer an Futter rankommen, zusammenbaue. Gebt euch Mühe und schaut genau zu, damit ihr sowas auch zu Hause selbst nachmachen könnt. Das ist eine sinnvolle Sache, und das Beobachten der bunten Vogelschar wird euch viel Spaß bereiten. Wenn wir genug Zeit haben, können das zwei oder drei von euch gleich auch hier mal direkt ausprobieren.«

Und es interessierten sich tatsächlich viele für diese handfeste Beschäftigung. So auch Wolfgang, der selbst einen Wellensittich namens Hansi zu Hause hatte und alle Vögel, na ja, bis auf die plärrenden Spatzen, liebte.

Herr Weber hatte im Laufe der Zeit einige von diesen mitgebrachten Schuhcremedosen gesammelt. Die kurzen Holzstücke, die er als Landebahn für die gefiederten Freunde benötigte, stutzte er sich aus dem Repertoire der Haselnuss-Stöcke zurecht, von denen er ja einige Exemplare für die schlagende Zunft reserviert hatte. Nicht ohne mit dem Messer noch ein paar Kerben reinzuschneiden, um den Vogelkrallen beim Anflug einen besseren Halt zu gewähren.

Mit einem Vorstecher oder Dorn drückte er ein nicht zu großes Loch mittig durch den Deckel der Dose, griff sich ein vorbereitetes Holzstück und drehte es durch das scharfkantige Bohrloch. Und je genauer er die Größe des Loches eingeschätzt hatte, desto besser passte dann der Anflugstock durch das Blechteil, und zwar so, dass es möglichst stramm saß und nicht verrutschte. Anstelle des Deckels der Schuhcremedose funktionierte das natürlich auch genauso, wenn man das Prozedere mit dem Dosenunterteil machte.

Die Schüler hatten aufmerksam zugeschaut und meinten, dass sie sowas jetzt auch allein zu Hause schaffen könnten.

Der technisch interessierte Fred versuchte sich mit einer Erklärung:

»Aber wie geht das eigentlich mit dem Vogelfutter, wie soll das denn halten? Ich denke, das Ganze wird doch bestimmt so aufgehängt, dass der Deckel oben ist, der Stock darüber ein wenig rausschaut, damit man das Teil irgendwie mit einer Schnur am Baum oder so aufhängen kann. Vielleicht durch das oben überstehende Stückchen Holz ein Loch reinbohren, dann die Schnur durchziehen und verknoten, damit es auch richtig hält. Unter dem Deckel ist das Futter, was natürlich einigermaßen hart sein muss, vor dem Regen oder Schnee geschützt und die Kerlchen können sich schön am Stöckchen festkrallen.«

»Also, Fred, ich staune, das hast du wirklich gut erklärt. Genauso funktioniert das. Es freut mich, dass ihr daran echt interessiert seid und aufgepasst habt. Und jetzt zeige ich euch das mit dem Futter. Also die Herstellung. Das geht nur, wenn man es entsprechend vorbereitet. Übrigens hatte ich vergessen zu erwähnen, dass durch diese Bauweise, nämlich Deckel obendrauf, der Regen oder Schnee nicht aufs Futter kommt. Aber das hat Fred ja schon prima erklärt.«

Dann bat Herr Weber nochmal alle, sich kurz allein mit der Sache zu beschäftigen, weil er schnell mal nach nebenan gehen müsse; nebenan war in diesem Fall die Lehrerwohnung. Dort hatte seine Frau auf seine Anweisung hin schon das Vogelfutter vorbereitet. Bald tauchte er mit einem Topf und einem Esslöffel wieder bei den Schülern auf.

»Also, jetzt will ich euch noch erklären, wie meine Frau das für die Vögel leckere und gesunde Futter zubereitet hat. Und zwar hat sie in einem kleinen Topf reines Schweineschmalz vorsichtig schmelzen lassen, natürlich nicht zu heiß, dann Haferflocken, Paniermehl – das kennt ihr bestimmt vom panierten, also mit Semmelbrösel bedeckten Schnitzel oder Kotelett –, ein paar Rosinen und geschälte Sonnenblumenkerne reingerührt. Vielleicht noch etwas anderes, das weiß ich jetzt nicht. Dann alles schön gleichmäßig im Topf vermischt und zum leichten Abkühlen an die Seite gestellt. Das, was ich mitgebracht habe, ist noch lauwarm. Ich fülle jetzt mal die leckere Vogelmahlzeit bis zum Rand in den Deckel, drücke sie mit diesem Löffel fest an und stelle das Ganze schräg hin. Wenn das Futter schon ziemlich abgekühlt und das Schmalz schon erhärtet ist, hält die Masse auch gut in dem Deckel. Um sicher zu sein, lässt man die Füllung aber noch so lange in Ruhe, bis sie richtig fest geworden ist und keine Brocken mehr rausfallen. (Pause) So, jetzt können das einige von euch auch mal selbst machen. Ich hoffe, ihr habt aufmerksam zugeschaut. Ach, da fällt mir ein, dass ich noch eine wichtige Angelegenheit erklären muss. Diese hängende Futterstation funktioniert leider nicht für alle Vogelgattungen. Speziell die verschiedenen Meisenarten wie zum Beispiel die häufig anzutreffenden Kohl- und Blaumeisen beherrschen die Technik, sich geschickt von unten an das Stöckchen zu hängen, ebenso die Kleiber, auch Baumläufer genannt. Spechte versuchen diese Kunst manchmal auch, aber ich denke, es kommt auf die Länge des Stöckchens an, ob sie das hinbekommen. Für die anderen heimischen Vögel wie Rotkehlchen, Finken, Amseln usw. braucht man einen festen Futterplatz, am besten ein wettergeschütztes Futterhäuschen. Es sind halt nicht alle Piepmätze auch geschickte Kletterkünstler. So, das wars aber jetzt. Ich denke, ihr habt was Wichtiges gelernt und ich wünsche euch viel Spaß beim Nachbauen und Beobachten der gefiederten Freunde.«

Das war doch mal ein richtig lockerer, lehrreicher und spannender zoologischer Unterricht.

Ein anderes Erlebnis aus dem Tierreich war leider nicht so erfreulich, im Gegenteil. Und es kann schon jetzt festgestellt werden, dass Lehrer Weber an dieser Stelle mit Recht so reagiert hat, wie er reagiert hatte. Was war passiert? Das vierte Schuljahr war informiert worden, dass ein Marsch zum Dorfweiher anstand, um dieses Biotop als speziellen Lebensraum von Pflanzen und Tieren näher kennenzulernen. Ein Weiher ohne größeren Zulauf, mit abgestandenem, schon etwas faulig riechendem Wasser. Also der ideale Standort für Frösche, Libellen, Wasserläufer, Mückenlarven und ähnliche Kleinlebewesen. Dazu die verschiedenen Wasserpflanzen, Schilf und die hübschen Rohrkolben. Eine prima Gelegenheit, sich in der Natur näher mit den vielfältigen Weiherbewohnern zu beschäftigen. Alle empfanden das auch als eine schöne Abwechslung. Schon der Fußweg dahin über kleine Wiesenwege, an Feldern vorbei, mit Blick auf die vielen Obstbäume und Sträucher schien Spaß zu bereiten. Schätzungsweise aber nicht, weil man diese bekannten Naturdinge bewusst in sich aufnahm, sondern weil man einfach dem Bewegungsdrang nachgeben und herrlich rumalbern konnte. Und das bei gutem, sonnigem Wetter, ohne an die Schule denken zu müssen.

Bis hierhin ging alles gut. Die Gruppe war gut gelaunt am Weiher angelangt und Herr Weber begann alsbald, mit einführenden Worten die biologischen Zusammenhänge der Tier- und Pflanzenwelt eines solchen Weihers zu erklären, dass ein Weiher eine Art kleiner Teich ist, nicht sehr tief, natürlich entstanden, ohne Zu- und Abfluss und mit schilfartiger Uferbepflanzung. Bestens geeignet für viele wasserliebende Kleinlebewesen. Nachdem so das Wesentliche gesagt worden war, meinte er, man könnte sich ruhig ein wenig aufteilen und eigenen Interessen nachgehen. Das war das Signal, sich einzeln oder grüppchenweise in Bewegung zu setzen, ganz gerne auch außerhalb des Lehrerblickfelds. Das war offenbar die Gelegenheit für einen wenig Interesse zeigenden Mitschüler, einen Gedanken zu realisieren, der ihm beim Anblick einiger Frösche gekommen war. Eine richtig boshafte Gemeinheit. Als das der Lehrer rausbekam, hatte es leider schon einige Opfer erwischt. Was hatte der Kerl angestellt? Der Übeltäter, dessen Name hier nicht erwähnt wird, hatte sich als Verpflegung ein Kakaogetränk mit Strohhalm für den kleinen Ausflug mitgenommen. Beim Umherstrolchen hatte er es nach etwas Übung geschafft, einige am Weiherrand hockende Frösche zu fangen. Das allein war schon keine gute Tat, aber noch vertretbar, man konnte sie ja wieder freilassen. Was er dann tat, überschritt die Grenze. Er hatte den gefangenen Fröschen den Strohhalm ins Hinterteil gesteckt und sie dann so aufgeblasen, dass sie hilflos auf der Wasseroberfläche herumtrieben und sich nicht mehr durch Abtauchen in Sicherheit bringen konnten. Einem anderen Schüler, der das beobachtet hatte, taten die armen, gequälten Tiere so leid, dass er schnell den Lehrer aufsuchte und ihm dieses Martyrium mitteilte. Herrn Weber packte sogleich die Wut, er eilte in die Richtung, wo der Missetäter gesichtet wurde, und er erwischte den Tierquäler bei seiner scheußlichen Aktion. Es gab kein Halten mehr. Er packte sich den Kerl ohne Rücksicht auf Verluste und vertrimmte ihn dermaßen, dass der seine Schandtat ganz bestimmt in seinem Leben nicht mehr vergessen würde. Herr Weber nahm in seinem berechtigten Zorn dabei auch in Kauf, dass die Eltern dieses Jungen ihn eventuell zur Rechenschaft ziehen würden. Das war ihm völlig einerlei. Egal, wer auch immer von dieser Missetat erfuhr, hatte großes Verständnis für Herrn Webers heftige Reaktion. Jeder normale Mensch begreift nicht, wie man so eine Sauerei machen kann. Das war wirklich keine Heldentat. Dieses Vergehen würde der Bösewicht die nächsten Tage in der Schule bestimmt durch Nichtbeachtung zu spüren bekommen. Das geht absolut nicht, eine Kreatur so zu quälen! Egal, ob groß oder klein!

KAPITEL 19: KLAVIERUNTERRICHT

Bei diesen und jenen erzählten Vorkommnissen war Wolfgang selbst dabei, und wenn nicht, erfuhr er sie kurz danach in der Schule oder auf der Straße.

Manches beschäftigte ihn sehr, manches weniger und einiges gar nicht. Mit was er sich neben der Schule jedoch fleißig auseinandersetzte, war sein Klavier. Das hatte ihm der Großvater väterlicherseits, Opa Josef, gekauft. Kein bekanntes Markenfabrikat, aber ein großes, gebrauchtes, angenehm klingendes, dunkelbraunes Instrument aus einem in der Region bekannten Musikalienhandelsgeschäft. Der hohe Resonanzkasten gab die Töne kräftig, für die Nachbarschaft vermutlich zu kräftig, in den kleinen Raum weiter. Aber wieso gerade ein Klavier? Keine Geige, keine Gitarre, keine Klarinette, keine was weiß ich ...?

Folgendermaßen hatte sich die Angelegenheit entwickelt.

Der Großvater hatte schon lange bemerkt, dass der kleine Enkel tagelang eifrig versuchte, seiner Mundharmonika saubere Töne zu entlocken. Es hatte ihm keiner was gezeigt und erklärt, er probierte einfach mal so rum. Das führte im Lauf der Zeit tatsächlich zu einem bescheidenen Erfolg und man konnte die ersten Kinderlied-Melodien erkennen. Alternativ hatte er schon mal irgendwo die akustische Bekanntschaft mit einer Blockflöte gemacht, aber hier hielt sich die Begeisterung deutlich in Grenzen.

Opa Josef hatte sich, Wolfgangs musikalische Zukunft betreffend, nicht der Mühe unterzogen, erst den Familienrat einzuholen, um seine Gedanken vom Klavier kundzutun, sondern war direkt vor seine Schwiegertochter Inge getreten, um zu verkünden:

»Wie ich sehe und höre, ist der Junge musikalisch und hat vor allem Spaß und Ausdauer beim Üben. Das habe ich bei seinem Mundharmonikaspiel beobachtet. Eine wesentliche Voraussetzung, um überhaupt ein Instrument richtig zu erlernen. Dieses Talent hat er garantiert von seinem Vater mitbekommen. Mein Sohn und dein Mann Walter war, und wem sage ich das, ein fabelhafter Klavierspieler. Ich bin der Meinung, jetzt muss ein richtiges, ernstzunehmendes Instrument für Wolfgang her. Ein Klavier.«

Das waren klare Worte. Keine Widerrede. Das Wort ›Klavier‹ war gefallen und so trudelte irgendwann das großgebaute Instrument ein, um in einem sehr kleinen Wohnzimmer seinen festen Platz zu finden und damit den Raum optisch und künftig auch akustisch zu dominieren. Es hatte anscheinend vorher schon ein freundschaftliches Gespräch mit dem Vermieter und den direkten Nachbarn gegeben, denn die waren durch die Nachkriegsbauweise mit den dünnen Mauern automatisch mit verdonnert, die täglichen Übungsstunden des Tastenanfängers zu ertragen. ›Zu genießen‹ wäre für die ersten Lehrjahre fehl am Platz gewesen. Vielleicht aber trug die Vorstellung, einen potenziellen, angehenden Künstler im Haus zu haben, dazu bei, die musikalischen Unzulänglichkeiten in Kauf zu nehmen. Und damit das Ganze was Richtiges wird, musste jetzt ein Klavierlehrer her. Aber ist sowas nicht sehr teuer? Mutter Inge war Kriegerwitwe und die anfängliche Witwenrente war mehr als schmal. Jedenfalls bemühte man sich um einen geeigneten Lehrer. Man wurde schnell fündig, alldieweil es zu der Zeit im Dorf nur *einen* Klavierlehrer gab, nämlich Herrn Wilke. Der hatte als junger Klavierschüler noch persönlich Wolfgangs Vater kennengelernt und machte jetzt für Mutter Inge gerne einen Sonderpreis, den sie sich gerade noch leisten konnte. Die Klavierstunde für DM 2,50. Zwei Deutsche Mark und fünfzig Pfennige! Mit der folgenden Begründung:

»Weißt du«, erzählte er dem neuen Schüler im Beisein seiner Mutter, »dein Vater hat mit dafür gesorgt, dass ich das gelernt habe, was ich heute beruflich ausübe, nämlich Musikunterricht geben als Klavierlehrer. Ansonsten bin ich ja noch Organist und Chorleiter. Da dein Vater öfter meinen musikalisch interessierten und ehemaligen Dirigenten Onkel Georg besuchte, mit dem er sehr gerne fachsimpelte, hat er mitgehört, wenn ich im benachbarten Zimmer beim Klavierüben war. Er meinte es gut und animierte mich immer wieder, regelmäßig nach einem festen Zeitplan Klavier zu üben, damit auch was Gescheites dabei rauskäme. Dazu gibt es noch eine kleine Geschichte, die du auch gerne wissen darfst, die ich damals überhaupt nicht witzig fand, aber an die ich mich heute gerne erinnere.

Dein Vater hat unter anderem meinem alten Onkel gegenüber, der meist schlafversunken im Nebenraum als ›Übungswächter‹ den bequemen Sessel belegte, mit strengem Ton geäußert:

›Dann sperrt den Kerl doch einfach in dem Klavierzimmer ein und stellt den Wecker auf eine Stunde. Vorher darf er nicht raus. Dann wird er schon an den Tasten dranbleiben müssen!‹

Das nervte mich maßlos und ich war damals auf deinen Vater richtig sauer. Objektiv gesehen hatte er selbstverständlich Recht, da ich nicht immer der fleißigste Schüler war. Und weil das Ganze im Erdgeschoss stattfand, bin ich sogar ein- oder zweimal heimlich aus dem Fenster gesprungen.

Es war übrigens genau derselbe Raum, in dem jetzt du, der neue Schüler sein wirst.

Mein ›Kontrolleur‹ war jedenfalls mal wieder eingeschlafen und hatte von meinem Verschwinden durch das Fenster nichts bemerkt. Ich schaffte es auch, nach ein bisschen auf der Straße spielen wieder leise zum Fenster hochzuklettern und mich schnell auf die schwarz-weißen Tasten zu stürzen. Aber bitte nicht falsch verstehen, das soll kein Vorschlag oder eine Idee für dich sein, etwas Ähnliches zu machen. Wie heißt es so schön? Man lernt ja fürs Leben. Das wirst du später sicher besser verstehen. So wars jedenfalls auch bei mir.«

Mutter Inge und Sohn hatten sich alles mucksmäuschenstill angehört und waren tief berührt; das alles musste erst mal verarbeitet werden. Hier hatten sich Anekdote und Ernst getroffen. Jetzt galt es, das Beste daraus zu machen.

Wolfgang marschierte einmal die Woche stolz mit seinen Klaviernoten in einer schwarzen Kollegmappe zum Unterricht. Es ging durchs halbe Dorf und, wie im Ort üblich, grüßte er alle freundlich, denen er auf der Straße begegnete. So hatte es ihm die Mutter beigebracht. Dabei hatte er das Gefühl, dass die meisten genauso freundlich den Gruß erwiderten. Man kannte hier fast alle, welche auf der immer wieder abgelaufenen Strecke lebten. War das anerkennende Zurückgrüßen nur seine Einbildung oder beachteten diese Leute wirklich einen kleinen Jungen, der jede Woche an einem bestimmten Tag zu einer bestimmten Uhrzeit vorbeiging, um an seinem musikalischen Talent zu arbeiten? Vielleicht lags auch daran, dass es höchstens eine Handvoll angehende Klavierspieler im Dorf gab? Oder war der Grund, weil viele Ältere noch seinen vermissten Vater gekannt hatten und jetzt wohlwollend dem Kleinen hinterherschauten? Diese Fragen sind einfach schwer zu beantworten.

Bei den wenigen Klavierschülern waren allerdings auch welche dabei, die nur gezwungenermaßen zum Unterricht gingen, aufs Üben absolut keinen Bock hatten und über den Klimperkasten böse lästerten. Die Eltern hatten sich beim Nachwuchs gegen allen Widerstand gnadenlos durchgesetzt:

»Du lernst Klavierspielen. Ob du willst oder nicht.« Klavierspielen war für sie eine reine Imageangelegenheit. Auch Wolfgang hatte Phasen, wo er keine Lust zum Üben hatte und die Interessenverschiebung mehr in Richtung Fußballspielen ging. Ich denke, das ist völlig normal. Selbst etliche spätere Stars hatten zeitweise solche stagnierenden Entwicklungsstufen, bevor sie von ihrem Lieblingsinstrument nicht mehr zu trennen waren.

Es war aber auch manchmal hart. Wenn schönes Wetter herrschte und Freunde zum Fenster im ersten Stock hochriefen, er solle doch zum Fußballspielen runterkommen, sie hätten sogar einen richtigen Lederball dabei, dann fiel's ihm oft verdammt schwer, das eckige Tasteninstrument dem runden Ball vorzuziehen. Weil er auch sehr gerne Fußball spielte, obwohl es damals im Dorf noch keinen Sportplatz gab. Aber ganz egal, man bolzte da, wo man durfte. Diese lustlose Klavierüberei ging für eine kurze Zeit sogar so ins Extrem, dass es gegenüber seiner furchtbar erschrockenen Mutter mal herausplatzte:

»Hätte ich diese blöde Kiste doch nie bekommen!«

Obwohl es in diesem Moment genau so gemeint war, tat es ihm auch gleichzeitig leid, weil ihm plötzlich einfiel, dass die Mutter ja von ihrer Minimalrente den Unterricht bezahlte und wegen seines Ausbruchs maßlos enttäuscht war. Dabei hatte er doch schon viel Freude an dem Instrument gehabt. Aber zurzeit eben nicht.

Was er ganz und gar nicht leiden konnte, war die Aufforderung der Mutter, oder mehr noch die irgendwelcher Besucher, doch bitte mal was vorzuspielen. Irgendwas ›Schönes‹. Man wollte gerne hören, wie weit die Kunst schon gediehen war. Das geschah nur mit Widerwillen und war stets ein einziger Krampf.

Gott sei Dank ging dieses Stadium des ungeliebten Übens irgendwann wieder vorüber und wandelte sich ins Gegenteil, nämlich dass Wolfgang mit einer großen Begeisterung übte und zeitweise nicht mehr vom Klavier wegwollte. Neben den Aufgaben von Herrn Wilke, als da wären Tonleitern, Etüden und klassische Stückchen, hörte er sich im Radio gerne die gängigen Schlager an und versuchte, diese nachzuspielen. Was ihm auch recht gut gelang.

Unterm Strich pendelte sich die ganze Überei so ein, wie es wohl die meisten praktizieren: mal mehr, mal weniger eifrig, mal mit großem Spaß, mal als Notwendigkeit.

KAPITEL 20: KONZERTAUFTRITT

Als Wolfgang schon etwas älter war und mit dem Klavierspiel hörbare Fortschritte machte, hatte sogar ein Hobbysänger durch eine Vermittlung Kontakt zu ihm aufgenommen. Ein Mann, der auch in demselben Ort lebte. Er war Fabrikarbeiter in einer benachbarten Kleinstadt und liebte es, nach Feierabend seine Schallplatten mit Rudolf Schock, Fritz Wunderlich und Nicolai Gedda abzuspielen und kräftig mitzusingen. Er bewegte sich demnach in der Tenorlage. Die stimmlichen Vorbilder hatten zweifellos begnadete Stimmen, und die Lieder, die sie sangen, waren damals teilweise richtige Gassenhauer. ›Dein ist mein ganzes Herz‹ von Franz Lehár, ›Granada‹ von einem weniger bekannten mexikanischen Komponisten namens Agustin Lara, ›Mattinata‹ von Ruggero Leoncavallo oder ›Dunkelrote Rosen‹, eine Musik von Carl Millöcker. Mit den Noten von diesen und ähnlichen Liedern rückte der tenorale Gesangskünstler, Herr Hoppe, eines Sonntags an mit der Begrüßung:

»Schönen guten Tag zusammen (damit meinte er Inge und Wolfgang). Ich hoffe, ich störe nicht zu sehr«, und zu Wolfgang gewandt, »wir kennen uns, denke ich, vom Sehen her und ich habe gehört, dass du trotz deines jungen Alters schon ganz ordentlich Klavier spielen kannst. Dich und deine Mutter habe ich ja gelegentlich getroffen, als ihr Beiden früher in meiner Nachbarschaft gewohnt habt. Damals, als neu angekommene Flüchtlinge bei eurer Verwandtschaft. Sind ja schon ein paar Jährchen her. Und jetzt zu meinem eigentlichen Anliegen. Hättest du Lust, ein paar Lieder mit mir einzustudieren? Schöne, bekannte Operettenmelodien, von denen ich auch schon die Noten dabeihabe. Ich soll nämlich bei der nächsten Jubiläumsfeier meiner Firma als Überraschung ein paar Lieder vortragen. Mit Klavierbegleitung. Und es fällt mir ehrlich gesagt schwer, hier im Ort einen solchen Begleiter zu finden.

Na, wie sieht's aus? Würdest du mitmachen? Das schaffst du bestimmt.«

· Wolfgang schaute etwas verlegen und fragend seine Mutter an, in der Hoffnung, dass sie die richtige Lösung wüsste.

Die erwartete Lösung kam auch in Form der direkten, wiederholten Weitergabe dieser Frage an den Sohn: »Ja, was soll ich dazu sagen? Würdest du da gerne mitmachen? Schaffst du das überhaupt?«

Wolfgang merkte, dass er diese Entscheidung selbst treffen sollte, überlegte nur kurz und meinte, man könne es ja mal versuchen. Er habe so eine Liedbegleitung noch nie gemacht, aber wenn er genügend Zeit zum Üben dieser Stücke hätte und die richtigen Klaviernoten, würde es ja vielleicht klappen. Die Sache war damit geregelt, Herr Hoppe ließ die mitgebrachten Noten direkt da und fragte, ob er heute in zwei Wochen, also wieder ein Sonntag, vorbeikommen könne, um die erste gemeinsame Probe durchzuführen. Vielleicht nachmittags, so gegen halb vier?

Jawohl, das könnte man so vorbereiten.

Neben den schulischen Aufgaben war das Tasteninstrument ab sofort ständig im Einsatz. Die Nachbarn konnten als neues akustisches Element, ob sie wollten oder nicht, den Fortschritt der eingeübten Operettenwerke durch die dünnen Wände deutlich mit verfolgen. Sie hätten die Melodien bestimmt bald locker mitträllern können. Die unvermeidbare Öffentlichkeitsarbeit setzte aber erst richtig ein, als Tenor Hoppe in Erscheinung trat. Der kleine Raum erforderte wegen Sauerstoffmangels öfter eine Fensterlüftung. Bei manchen benachbarten Häusern gingen die Fenster wegen des musikalischen Ereignisses zu, bei anderen wurden sie aus Neugier oder Interesse weit geöffnet. Abhängig von der Toleranz, vom Musikgeschmack, vom Lautstärkeempfinden oder vom Verständnis für angehende Künstler. Offenbar gaben doch einige dem Nachwuchs eine Chance.

Der Anfang war jedenfalls gemacht und die aus mindestens zwei Generationen stammenden Musikfreunde waren wild entschlossen, die Sache zu Ende zu bringen.

Die hehre Aufgabe zog sich über viele Wochen hin, bis endlich der entscheidende Tag da war. Beide trafen sich an der Bushaltestelle, wo, wie angekündigt, ein Sonderbus anhielt, und ebenso wie an einigen anderen Stationen der Nachbarorte eingeladene Mitarbeiter der Firma einsammelte. Hier waren es der Kamillentee-gestärkte Tenor mit standesgemäß schick um den Hals geschwungenem weißen Schal und der kleine Tastenlöwe mit Klämmerchen im blonden Haar, damit ihm später beim großen Auftritt nicht die Sicht durch herabhängende Strähnen beim optischen Abtasten der Noten versperrt würde. Eine praktische Eingebung der Mutter. Die Stimmung im Bus war erwartungsgemäß gut und laut, denn viele kannten sich von der Arbeit. Nach der Ankunft des Werksbusses am Veranstaltungsort musste man noch ein Stück laufen, um endlich die Fabrik und den festlich geschmückten Saal zu erreichen. Die Musikkünstler setzten sich bescheiden zu den anderen Gästen an den Tisch und mussten nach einer kurzen, allgemeinen Begrüßung eine ganze Weile Vorträge und Lobeshymnen auf langjährige Jubilare über sich ergehen lassen. Was für die Lockerheit der beiden auf den Auftritt wartenden Interpreten nicht unbedingt von Vorteil war.

Endlich, es war schätzungsweise schon eine ganze Stunde vergangen, kam die für die beiden aufgeregten Solisten wichtige Ansage des Conférenciers mit den folgenden Worten:

»Bitte mal herhören! Ich weiß, dass ihr alle schon ziemlich Geduld aufbringen musstet. Aber wir wollen ja auch unseren Jubilaren für ihre lange Mitarbeit in unserem Werk die verdiente Würdigung und unseren Dank entgegenbringen. Jetzt bitte ich nochmal um Aufmerksamkeit wegen einer ganz anderen Sache.«

Es dauerte, bis die einzelnen Gespräche der Tischnachbarn verebbten, sich die Gäste langsam beruhigten und gespannt in Richtung Bühne schauten.

»Wir haben heute für euch eine besondere Überraschung vorgesehen. Einer unserer fleißigen Mitarbeiter, Herr Hoppe – der ein oder andere wird ihn bestimmt persönlich kennen –, hat eine wunderbare Stimme und möchte uns, begleitet von einem noch sehr jungen Pianisten namens Wolfgang, mit einigen schönen Melodien erfreuen. Es verdient hohe Anerkennung, wenn sich Menschen neben der täglichen Arbeit, sei es in der Fabrik oder in der Schule, mit viel Liebe und Begeisterung intensiv mit musischen Dingen beschäftigen. Das schon mal vorneweg. Ich wünsche allen eine gute Unterhaltung. Und jetzt bitte ich die Beiden auf die Bühne.«

Es folgte ein erwartungsvoller Anstandsapplaus.

Bei den beiden Musikern machte der Adrenalinspiegel kurz vor ihrem allerersten Auftritt noch einen weiteren, kräftigen Schuss nach oben, und mit leicht wackligen Knien gings übers Treppchen auf die Bühne. Die Köpfe des Publikums, überfrachtet von den vielen Dankesreden, richteten sich jetzt voller Erwartung auf die Beiden da oben. Wolfgang stellte die Noten für das erste Vortragsstück vorsichtig auf den Klaviernotenständer; ein vom Sänger ausgewähltes und vom Conférencier angesagtes Eröffnungsstück. ›Freunde, das Leben ist lebenswert‹ (Musik: Franz Lehár). Der Sangeskünstler räusperte sich sicherheitshalber noch mal kräftig und drehte den Kopf zur Lockerung der Stimmbänder kurz in alle Richtungen. Es konnte losgehen. Wolfgang hieb, wie so oft geprobt, kräftig auf den ersten Klavierton, den der Sänger für die wichtige Anfangsintonation brauchte, aber der Ton kam nicht. Es war kein Klavierton, es machte nur leise ›Plopp‹. Ein blitzartig entstandener Schweißtropfen rann über Wolfgangs Stirn. Was war los? Er musste schnell, ganz schnell reagieren, denn alle warteten neugierig auf die künstlerische Einlage.

Ein Anfängerfehler! Er hatte das Klavier nur aus der Ferne gesehen und sich mangels Erfahrung leider nicht vor Veranstaltungsbeginn mal drangesetzt und einen chromatischen Lauf rauf und runter durchgespielt, um im Schnellverfahren wenigstens ein kleines Gespür für das fremde Instrument zu bekommen. Dann hätte er nämlich auch festgestellt, dass genau der für den Sänger so wichtige Anfangston bzw. genau diese Taste defekt war und statt eines klaren Tons nur ein dumpfes Geräusch hervorkam.

Keine Zeit für lange Überlegungen! Er flüsterte das Missgeschick seinem Sänger leise zu mit der Ergänzung, dass er den gleichen Ton jetzt eine Oktave höher anschlagen würde. Herr Hoppe nickte nur irritiert. Glücklicherweise war dieser misslungene Start nicht bis zu allen Zuhörern durchgedrungen, weil das ›Plopp‹ ja nur ein im Saal vermutlich unhörbares ›Plopp‹ war. Der neue Versuch wurde mit der zugeflüsterten Variante wiederholt und man kam in die Gänge. Das Problem, gerade für einen so jungen, unerfahrenen Spieler: dieser Ton kam natürlich oft innerhalb des ganzen Stückes vor. Das bedeutete, entweder diese Taste im Laufe des Ablaufs möglichst wegzulassen, oder den benötigten Ton, wenn überhaupt mit dem Fingersatz vereinbar und technisch machbar, in einer anderen Lage zu spielen, oder es einfach ›ploppen‹ zu lassen. Ein verdammt schwieriges Unterfangen für einen jungen Klavierschüler. Aber alles in allem gelang es, sowohl das erste Lied wie auch die anderen vorbereiteten Vortragsstücke ›über die Bühne‹ zu bringen, ohne dass die Gäste den öfter angeschlagenen ›Ploppton‹ wahrnahmen. Jedenfalls hatten die beiden Bühnenkünstler diese Wunschvorstellung und höchstwahrscheinlich haben die vielen anderen ›gesunden‹ Klaviertöne und die strahlende Tenorstimme das akustische Defizit überdeckt. Der anschließende freundliche Applaus ließ jedenfalls darauf schließen.

Der Conférencier hatte brav die einzelnen Stücke angesagt und nicht vergessen, nochmal darauf hinzuweisen, dass Herr Hoppe ja ein Kollege und Mitarbeiter unseres Arbeitgebers ist, nämlich der Stahl- und Blechherstellerfirma, der den Mut aufgebracht hatte, zusammen mit seinem jungen Begleiter hier aufzutreten, um zusammen mit den anderen Anwesenden die Jubilare mit 25- und 50jähriger Betriebszugehörigkeit zu ehren.

»Und, meine Damen und Herren, ich habe es am Anfang schon erwähnt und wiederhole es gerne: Sie stimmen mir bestimmt zu bei meiner Feststellung, dass es schon etwas ganz Besonderes ist, neben der täglichen, harten Fabrikarbeit noch Zeit für so ein wertvolles Hobby zu finden. Herrliche, bestimmt den meisten vertraute Tenorarien, wurden von Herrn Hoppe mit zartem Schmelz und Ausdruck liebevoll zum Besten gegeben. Dazu noch ein junger Klavierspieler namens Wolfgang, der sich traute, zum ersten Mal vor einer größeren Zuhörerschaft Klavier zu spielen. Und wie Sie sich vorstellen können, muss sich ein Begleiter dem Sänger musikalisch anpassen, man kann ruhig sagen, quasi unterordnen. Wirklich keine leichte Aufgabe. Die Betriebsleitung hofft, dass diese Überraschung und Abwechslung im Programm geglückt ist. Und jetzt bitte ich nochmal um einen kräftigen Applaus!«

Dieser Aufforderung folgte das Publikum gerne, denn nach den vielen Ehrungen und hehren Worten war eine heitere, musikalische Ablenkung ein schöner, kultureller Beitrag.

Übrigens wurde im zeitlichen Vorfeld überhaupt nicht über ein Honorar gesprochen. Soweit hatte gar keiner gedacht. Sänger und Begleiter fühlten sich ganz einfach geehrt, bei so einer festlichen Veranstaltung mitwirken zu dürfen. Dafür nahm man gerne wochenlanges Einstudieren mit Stimme und Klavier in Kauf. Es war nicht zuletzt auch eine nützliche Erfahrung fürs Weiterkommen.

Umso überraschter waren die Beiden dann doch, als einer vom Vorstand auf sie zukam und Herrn Hoppe stolz zehn Verzehrgutscheine für zehn Glas Bier überreichte und Wolfgang auch zehn dieser Zettel in die Hand drückte, aber nicht für Bier, sondern für … zehn Tafeln Schokolade! Das war ja'n Ding. Was der Sänger mit dem umfangreichen Bierangebot anstellte, weiß keiner mehr so genau. Wahrscheinlich hat er seinen Tischnachbarn einen ausgegeben. Wolfgang jedenfalls durfte zur Theke marschieren und sich die schon in einem Stapel vorbereiteten zehn Kalorienbomben abholen. Als häuslichen Vorrat. Der Tag war jedenfalls gerettet. Das also war der allererste, gemeinsame und einigermaßen erfolgreiche Auftritt des Künstlerduos. Nach den ganzen offiziellen Programmpunkten zog sich die Feier mit ernsten Gesprächen, mehr aber noch mit Klatsch und Tratsch bestimmt noch eine weitere Stunde hin. Für Wolfgang war es total langweilig und er schaute öfter auf seine Armbanduhr. Sein Auftritt mit Herrn Hoppe war abgeliefert, und jetzt? Da er hier der Einzige seines Alters war, schleppte sich die Zeit für ihn ewig lange hin. Dann endlich verkündete einer den bevorstehenden Aufbruch. Die auswärtigen Mitarbeiter versammelten sich wieder an dem Sonderbus und wurden nacheinander an den Stellen verabschiedend entlassen, wo sie ein paar Stunden vorher zugestiegen waren. Auf der feucht-fröhlichen Rückfahrt gab es für Herrn Hoppe und Wolfgang die gute Gelegenheit, das ganze Abenteuer nochmal Revue passieren zu lassen. Das Ergebnis war, bis auf das doofe Plopp-Malheur, gar nicht so schlecht. Man war für die ganze Arbeit mit ausreichend Applaus belohnt worden. Deshalb tauchten verschiedene Überlegungen auf, ob man so was in ähnlicher Form wiederholen könnte. Es musste ja nicht immer eine Veranstaltung sein, nein, man konnte doch einfach, ohne größeren Anlass, gelegentlich neue Lieder erarbeiten.

Die zusätzlichen Übungsstunden mit Operettenmelodien würden fürs Weiterkommen gesanglich und pianistisch nicht schaden. Diese Angelegenheit musste man allerdings nicht unbedingt noch heute Abend im Bus klären, denn langsam setzte auch eine gewisse Ermüdung ein. Außerdem wollte jeder erst mal in Ruhe darüber nachdenken, wie man mit der Kunst weiter verfahren sollte. Herr Hoppe hätte das gerne auch mit seiner Frau diskutiert und Wolfgang mit seiner Mutter.

»War fürs erste Mal doch ganz ordentlich, und du hattest einfach Pech mit der blöden, kaputten Klaviertaste. Unsere Vorstellung war einerseits etwas anstrengend, hat aber auch Spaß gemacht«, meinte der noch immer leicht aufgekratzte Herr Hoppe zu Wolfgang.

»Vergiss diese dämliche Plopptaste. Sowas kann einfach passieren und ich denke, dass es den meisten gar nicht aufgefallen ist.«

Der Bus hatte die Station erreicht, wo die beiden Helden wieder ausstiegen, nicht ohne ein Händeklatschen von den noch weiterfahrenden Kumpels mit auf den Weg zu bekommen. Der Tenor hatte seinen weißen Schal wieder fest um den Hals geschlungen und verabschiedete sich von dem Jungen, dessen Haarklämmerchen immer noch die zum Herunterhängen tendierende Strähne im Griff hatte.

»Also dann, Tschüss und Gute Nacht. Vielleicht bis bald. Und denk' dran, wir können schon ein wenig stolz auf uns sein, und sag deiner Mutter einen schönen Gruß«, waren des Sängers verheißungsvolle Abschiedsworte.

Der gähnende Wolfgang wiederholte müde:

»Ja, Tschüss, vielleicht bis bald. Mal sehen.«

Heute Nacht gabs die Möglichkeit, den ganzen aufregenden Auftritt im Traum nachzuerleben.

In der Schule wurde seitens der Mitschüler auch mal kurz was von der Sache erwähnt, weil sich im Dorf schnell alles rumspricht. Aber ohne echtes Interesse. Ein einheimischer Mann, der sich neben seiner normalen Arbeit als Sänger betätigte und der kleine Flüchtlingsjunge, der Klavierspielen lernte. Na und? Wobei die anderen Kinder das mit dem Flüchtling normalerweise

gar nicht so mitbekamen, da Wolfgang mit seiner Mutter und den Großeltern als eine der ersten Familien aus
dem Osten hier gelandet war. Wolfgang war damals noch
sehr klein, und da er schnell mit dem ›Platt sprechen‹
zurechtkam, wurde er uneingeschränkt als echter Dorf-
junge angesehen.

KAPITEL 21: FREIZEITBESCHÄFTIGUNG

Viel spannender als Wolfgangs musikalische Tätigkeit waren für die Gleichaltrigen Dinge wie Fußball, Tischtennis, Fahrradfahren, Traktoren, Haus- und Hoftiere, Kirmes, auch Jahrmarkt genannt, alles Dinge, welche die Mehrheit der Kinder viel mehr interessierte als Klaviergeklimper.

Die Erwachsenen hatten andere Sorgen. Sie versuchten immer noch, Kriegsereignisse zu verarbeiten, materiell und mental. Es wurden die ersten Häuser neu gebaut, die Materialien stammten aus der Umgebung. Bims, Tuff, Basalt; Gestein, das durch einen früheren Vulkanausbruch in der Eifel ausreichend zur Verfügung stand. Die vielen kleinen und großen Felder mussten bestellt werden, der Boden war erfreulicherweise überaus fruchtbar. Kartoffeln, Gemüse und Obst gab es reichlich, ganz besonders Kirschen. Es wurden ganze Plantagen mit Kirschbäumen angelegt, die sich so gut entwickelten, dass in der Blütezeit am Wochenende Besucher in großer Zahl auftauchten, um Spaziergänge durch die herrliche Kirschblüte zu machen. Die Natur schien dann flächendeckend weiß zu sein. Einfach schön. Zweifellos gehörten zum Alltag auch notwendige, nicht so angenehme Arbeiten wie Stall ausmisten, Kühe melken und Schweine schlachten. Letzteres oft genug im offenen Hof, wo neben den Ausführenden auch zufällige Passanten einen Blick riskierten, genauso wie die Kinder. Auch das war völlig normal. Es wurde vor Ort praktiziert, und die Tiere (genauso wie Obst und Gemüse) wurden nicht, wie großenteils heutzutage gehandhabt, durch die halbe Welt zum Verbraucher gekarrt. Es gab eine Beziehung zu den Haustieren und man kannte den Metzger.

Die Bauerskinder hatten bis auf den Winter gar nicht so viel Zeit für Spiel und Sport. Sie bekamen schon etliche Aufgaben für den heimischen Betrieb. Das Pflücken von Erdbeeren, Äpfeln, Birnen und Pflaumen gehörte genauso dazu wie Kartoffeln sammeln und Unkraut rupfen. Bei der Getreideernte wurden viele Helfer gebraucht, um die Garben aufzuladen und in der Scheune wieder zu stapeln. Wenn die Spreu zu sehr staubte, wurde schnell ein Taschentuch vor Mund und Nase gebunden. Da mussten auch die Kinder ran, die sich als Belohnung über süße Weckmänner aus Hefeteig mit Rosinen freuten.

Die älteren Kinder durften innerhalb des eigenen Geländes sogar schon mal Traktor fahren, besonders, wenn es galt, auf dem Acker schön gerade Furchen zu ziehen. Das war so eine Art Grundübung. Dieses Glücksgefühl widerfuhr auch einmal Wolfgang. Mit einem knallroten Deutz-Fahr Traktor. Der Jungbauer sah wohl den sehnsüchtigen Blick des Nachbarjungen und brauchte nicht viel zu sagen, bis der schon im Sattel saß. Noch ein paar kurze Erklärungen zu der Funktion der schwergängigen Pedale und ein knappes:

»Jetzt einfach weit nach vorne schauen, mit gleichmäßiger Geschwindigkeit fahren, und versuchen, gerade Furchen zu ziehen. Das ist schon alles.«

Sicherheitshalber blieb er aber auf dem Beifahrersitz hocken, damit es nicht zu einem Unglück kommen konnte. Wolfgang drückte aufs Gaspedal, das rote Vehikel machte einen gewaltigen Satz und der Motor rüttelte beide kräftig durch. In dem jungen Alter bestand noch keine Gefahr, dass bei dieser gewaltigen Erschütterung Nieren- oder Gallensteine rauspurzelten.

Eine andere, kurzweilege Kinderbeschäftigung, bei der sich schnell jeder, der gelangweilt vorbeilief, dazustellen und mitmachen konnte, war das sogenannte Klicker- oder Murmelspiel. Voraussetzung: »Herren- oder Damenrunde.« Entweder spielten Jungs oder Mädels zusammen. Mischformen waren verpönt. Und man musste Klicker dabeihaben.

Es gab in Richtung Ortsausgang direkt neben einer Straßenkreuzung einen gut geeigneten, fest gestampften

Erdboden, leicht abschüssig, aber schön glatt, super geeignet fürs Klickerspielen. Die wenigen Autofahrer, die es im Dorf gab, waren schon gewohnt, dass die Kinder auch in Straßennähe spielten und fuhren langsam und vorsichtig vorbei. Beliebt waren solche Plätze, weil man hier schnell andere treffen konnte. Telefonieren zum Verabreden gabs noch nicht. Also einfach aus dem Haus gehen, sich umschauen, ein Stückchen Straße entlanglaufen, und schon hatte man die Chance, Gleichgesinnte zu treffen. So eine Stelle war auch der bewusste Klickerplatz. Die bunten, kugelrunden, circa ein Zentimeter dicken Klicker bestanden aus Glas oder Ton. Am oberen Ende des leicht kurzen Anstiegs gab es ein etwa faustgroßes Loch, das Ziel. Das musste immer wieder mal mit einem Stöckchen oder mit den blanken Händen vergrößert werden, damit die Kugeln auch drin liegen blieben. Dann wurde noch die Erdbahn von herabgefallenen Blättern und Steinchen befreit, damit es einen störungsfreien Klickerlauf geben konnte. In einem gemeinsam beschlossenen Abstand zum Loch wurde mit einem Stückchen Holz oder einem spitzen Stein ein Strich gezogen. Von hier aus durfte man die Kugeln stehend, in stark gebückter Haltung, oder noch praktischer, kniend, in Richtung Loch schieben. Mit gekrümmtem, an dem Klicker anliegenden Zeigefinger. Der richtige Schwung war dabei erfolgsentscheidend; nicht zu heftig, aber auch nicht zu lahm. Es brauchte schon ein paar Durchgänge, um das wahre Gefühl dafür zu bekommen. Wie zu ahnen: Wer bei einer festgelegten Anzahl von Versuchen die meisten Klicker ins Loch beförderte, war Sieger. Wenn es vorher so ausgemacht war, durfte derjenige sogar alle eingelochten Kugeln behalten. Es war also nicht selten, dass die Sieger mit extra von Mutter oder Oma genähtem, mitgebrachtem Stoffsäckchen, prall gefüllt mit bunten Kugeln, strahlend das Schlachtfeld verließen. Oder mit vollen Hosentaschen. Während der spielerischen Tätigkeit beäugten und verglichen die Spieler gegenseitig die Qualität der kleinen Spielkugeln. Die Pastellfarben der stumpfen Tonklicker, die leider ziemlich stoßempfindlich waren, wie auch die schillernden, teureren und stabileren Glaskugeln. Oft wurden dann Tauschgeschäfte getätigt. Beispielsweise drei unbeschädigte Tonklicker gegen eine leuchtende Glaskugel. Es war ein einfaches, schönes Spiel, gut geeignet für mehrere Teilnehmer. Und man konnte dabei prima quatschen; auf direktem Weg, ohne von Mobiltelefon-Anrufen gestört zu werden.

Eine völlig andere, nicht so verbreitete Freizeitbeschäftigung für Kinder, eher etwas für Einzelgänger, war Folgendes. Die Heranwachsenden bekamen oft – ob sie es mochten oder nicht – Haferflocken in unterschiedlicher Form vorgesetzt. Als Haferbrei, Hafergrütze, mit Wasser oder Milch, gemischt mit Obst. ›Gesund und nahrhaft‹, so lautete jedes Mal der Begleittext beim Verabreichen dieser Kraftpakete. Aber darum geht's hier gar nicht. Es war die alte Firma ›Köllnflocken‹, welche die Haferflocken damals in einer Faltschachtel verkaufte. Nachdem die gesunde, sättigende Kost verbraucht war, hatte Wolfgang eine Idee. Musste man das leere, viereckige Kartönchen wegwerfen, oder könnte man damit nicht doch noch etwas anderes anstellen? In seinem Kopf begann es heftig zu arbeiten. Nach einer Weile holte er sich aus der Küche ein scharfes, kleines Messer und schnitt vorsichtig eine Art Fenster in die eine Kartonseite hinein. Ein Fenster muss aber auch wieder geschlossen werden können. Er begab sich erneut in die Küche und meinte, zur Mutter gewandt:

»Da gibt es doch so ein durchsichtiges Papier, ich hab's schon gesehen, aber ich weiß nicht, wie man es nennt. Haben wir sowas? Ich möchte was basteln.«

Die Mutter fragte vorsichtig nach, was er denn so damit anstellen wollte, und nachdem er sein Vorhaben nur ganz grob dargestellt hatte, brauchte sie nicht lange zu überlegen.

»Ich glaube, ich habe sowas noch vom Marmeladekochen übrig. Zellophanpapier. Du kannst ein Stück haben, ich schneide es dir gleich ab und lege es auf den Tisch.«

So also heißt das Zeug, dachte er. In der Zwischenzeit besorgte er sich noch eine kleine Schere und sobald ihm die Mutter das Stück Dingsbums – den exakten Namen hatte er schon wieder vergessen – hingelegt hatte, setzte er sein Bauvorhaben fort. Er maß das ausgeschnittene Fenster ab, indem er das durchsichtige Papier darüberlegte und beim Zurechtschneiden einen größeren Rand ließ, um es befestigen zu können. Mangels eines richtigen Klebers mischte er etwas vom stibitzten Mehl mit ein wenig Wasser zusammen und benutzte das Gemenge als Ersatzklebemittel. Damit klebte er das Papier von innen in der Schachtel fest, so dass es jetzt von außen wie ein Fenster aussah. Nicht so klar wie Glas, aber man konnte sogar einigermaßen durchblicken. Und was nun? Welche Idee steckte hinter den begonnenen Bastelmaßnahmen? Was konnte man mit so einem umgebauten Kartönchen machen? Am selben Tag passierte nichts mehr. Das Teil wurde behutsam auf ein Regalbrett gestellt und die Klebepampe konnte, soweit das ein Ersatzkleber hinbekommt, ausreichend fest werden.

Am nächsten Morgen gings, wie es sich gehört, zur Schule, aber seine Gedanken kreisten immer wieder um sein Pappgebilde mit Cellophanfenster. An diesem Vormittag fiel's ihm wirklich schwer, sich auf den Unterricht zu konzentrieren. Nach der Schule schnell heim, das Spiegelei mit Spinat und Kartoffelpüree mehr verschlungen als gegessen. Auf den Schokoladenpudding zum Nachtisch verzichtete er ganz.

»Keine Zeit«, sagte er zur erstaunten Mutter. »Vielleicht später. Möchte gerne gleich mit meiner Bastelarbeit weitermachen.«

»Was? Heute keinen Pudding? Du bist doch hoffentlich nicht krank?«

Die Mutter schüttelte erstaunt den Kopf aber ließ ihn gewähren. Sie hatte das komische Gebilde auf dem Regalbrett entdeckt und vermutet, dass seine Eile damit zusammenhängen könnte. Er kramte ungestüm in einer Küchenschrank-Schublade, entdeckte da Streichholzschachteln, etwas größere Behälter mit Knöpfen, Gummiringen und anderem Krimskrams. Aber er fand nicht das, was er suchte. Etwas wie eine Streichholzschachtel, also verschließbar, aber größer sollte es sein. Er kroch in der Speisekammer umher und stöberte zwischen kleinen Marmeladengläsern, leeren Büchsen, Kartons und anderen verschließbaren Behältern herum. Nach einer Weile schien er fündig geworden zu sein, denn er packte verschiedene Utensilien in eine Stofftasche, rief der Mutter zu, dass er mal gucken wollte, was draußen so los ist und verschwand. Er wollte sein Vorhaben nicht verraten. Es gab im Dorf viele Gässchen, als Trennung zwischen den Häusern und als kurze Verbindung zu Feldern und Wiesen. Hier wollte er sein Glück versuchen und kleine Tierchen finden, um sein Minihaus damit zu beleben. Nur für eine kurze Zeit, zum Beobachten, und anschließend wieder freilassen. Das war ihm wichtig. Besonders abgesehen hatte er es auf kleine Schnecken. Da gab es richtig attraktive, mit bunten und verschieden gemusterten Schneckenhäusern. Diese Kerlchen konnten ihm auch nicht so schnell entweichen. Die waren für seinen Zweck ideal, sowohl zum Einfangen wie auch später zum Erforschen. Außerdem hielt er Ausschau nach Käfern, schillernd, mit aufgerichteten Fühlern. Die waren schon etwas schwieriger zu ergreifen. Schmetterlinge wären besonders attraktive Schauobjekte gewesen, aber nicht für so einen kleinen Pappdeckel-Behälter. Man durfte die Tiere keinesfalls quälen. Die Hauptausbeute bestand letzten Endes aus einigen besonders schön dekorierten Kriechtieren. Die mit den Schleimspuren und den lustigen Antennen. Er hatte seinen Fang in den passenden Behälter sortiert, ohne zu vergessen, einen Deckel draufzumachen. Die Atemluft würde bis nach Hause auf jeden Fall ausreichen. Schnüre und Gummis hatte er vorsichtshalber auch in seine Hosentaschen gesteckt. Was für das vorübergehende Kleintierheim noch fehlte, war eine schöne, wohlriechende und die Natur imitierende Innenausstattung. Das waren Gräser, Blätter, Hölzchen und ein klein wenig Erde. Dieses Material war schnell gefunden und eingetütet. Nun konnte die gesamte Beute unter dem besonderen Schutz des verantwortungsbewussten Tierfängers Wolfgang den Heimweg antreten.

Die Mutter sah ihren freudig erregten Sohnemann mit seinem Fang reinkommen, schaute neugierig auf das Mitbringsel und war von der Erweiterung der Wohngemeinschaft wenig angetan, wollte dem Jungen aber nicht seine Begeisterung fürs Basteln und Tiere beobachten nehmen. Eben erst hatte sie nämlich erfahren, was der Junge Geheimnisvolles vorbereitet hatte und nun mit Leben füllen wollte. Bevor er den Minizoo aktivierte, bereitete er den Aufenthaltsort vor, indem er mehrere Hölzchen passend zuschnitt, sodass sie quer von der einen Schachtelwand zu der gegenüberliegenden festklemmten. Das waren super Angebote für Kriech- und Kletterübungen. Unten ein bisschen Erde reingestreut, Gräser und Blätter dazu, nochmal einen Blick auf alles geworfen. Dabei stellte er mit Schrecken fest, dass er ja die Luftlöcher vergessen hatte. Damit die Einwohner auch den nötigen Sauerstoff bekämen. Schnell fand er eine Stricknadel und stieß vorsichtig einige Löcher in die obere Abdeckung und sicherheitshalber auch noch welche in die rückseitige Kartonwand. So, endlich konnte er die Konstruktion mit Leben füllen. Er nahm die kleinen Gefangenen behutsam aus den Transportbehältern und beförderte sie durch eine extra dafür ausgeschnittene Seitenöffnung, die wie eine winzige Tür zum Öffnen und Schließen gemacht war – mit einem aufgeklebten Papierknubbel als Türgriff – in ihr neues Wohnheim. Das Wort Gefängnis wurde vorerst verdrängt. Er hoffte, alles richtig gemacht zu haben, bewunderte sein eigenes Werk und erfreute sich an einer Art Kino im Kleinstformat. Mit Tieren und Pflanzenteilen.

Leider war das Schaufenster für das Stückchen Natur nicht allzu groß und die Durchsichtigkeit optisch eingeschränkt. Das musste man halt in Kauf nehmen. In der Nacht war dann sowieso Ruhe angesagt, für den Betrachter und die Eingesperrten. Der Eifer und das Entzücken hielten auch noch einigermaßen bis zum nächsten Nachmittag an, also nachdem die Schule vorbei war und die Beobachtung ihre Fortsetzung erfuhr. Aber schneller als abzusehen, erlosch die anfängliche Begeisterung. Das lag hauptsächlich an der mangelnden Qualität des Schaufensters. Cellophan ist schließlich kein Glas und die Tierchen bewegen sich auch nicht dauernd im Zentrum des kleinen Sichtfensters. Der Entschluss war dann schnell gefasst. Die Kleinstlebewesen wieder befreien, raus in ein Gässchen oder auf eine Wiese bringen. Und das Bastelwerk? Er überlegte kurz und dachte laut:

»Das muss ich doch nicht direkt wegwerfen. Ich leg es erstmal irgendwo in eine Ecke, und mal sehen … vielleicht hab' ich ja doch nochmal Lust, kleine Tiere zu beobachten.«

Er wollte bei dieser Retoure nicht gerne beobachtet werden und wartete geduldig bis zum Einbruch der Dämmerung, um den Gefängnisinsassen wieder ihre Freiheit zu schenken. In einem mit Unkraut bewachsenen Gässchen um die Ecke.

Sodann freute er sich zusammen mit den nichts ahnenden Tierchen über die wiedergewonnene Freiheit und trat zufrieden und entspannt den Heimweg an.

KAPITEL 22: DORFENTWICKLUNG

Wie ging die Dorfentwicklung weiter?

Es war glücklicherweise schon eine Weile her, aber noch lange nicht vergessen, als im Dezember 1944 ein heftiges Bombardement durch amerikanische Flugzeuge auf den kleinen Ort niederging. Damals traf es etliche Häuser, ebenso waren Kirche und Schule teilweise betroffen. Leider gab es auch Tote. Aber wie überall musste man weiter nach vorne schauen, es gab keine Alternative.

Die Ackerböden waren sehr fruchtbar und es wurde fleißig Obst und Gemüse angebaut. Als Nebenerwerb schaffte man die Produkte, die den Eigenbedarf überstiegen, auf Märkte der umliegenden Städte. Wobei man unter anderem auch die selten fahrenden Busse als Transportmittel benutzte. Da durfte auch Wolfgang schon mal mit. Hier lernte er bald, dass sich die Ware nicht automatisch von allein verkauft. Sie wurde von den Bauern und Kleinbauern mit deutlicher und kräftiger Stimme angepriesen, sobald Passanten in die Nähe der Stände kamen.

»Heute ganz frischer Spinat, herrliche Mohrrüben, verschiedene Kartoffelsorten und krause Petersilie. Kommen Sie ruhig näher, wir beißen nicht. Hier eine neue Apfelsorte, schön süß, ich schneide Ihnen gern eine Scheibe ab – probieren Sie mal!«

Den Begriff Marktschreier möchte ich an dieser Stelle auf keinen Fall verwenden. Der stammt nämlich ursprünglich aus dem Mittelalter, wo teilweise merkwürdige Gestalten und Quacksalber ihr Unwesen trieben und die Leute bewusst in die Irre führten. Nein, das hatten die jetzigen Marktleute absolut nicht verdient. Sie waren schon in aller Herrgottsfrühe aufgestanden, um die Nahrungsmittel zu ernten. Die mussten anschließend zu Hause gesäubert, gewaschen, sortiert und verpackt werden. Dazu kamen dann der Transport und der Standaufbau. Das alles war eine mühsame, zeitaufwendige Arbeit. Eine ehrliche Arbeit, um die spärlichen Einnahmen etwas aufzubessern. Es hatte sogar viel früher mal Versuche gegeben, in dieser Region Wein anzubauen, aber da lag kein Segen drauf. Anstelle dessen wurden jede Menge Kirschbäume gesetzt und das führte bald zu einem ausgezeichneten Ergebnis. Die Kirschen, die man nicht für den Eigenbedarf benötigte, konnte man prima zur örtlichen Sammelstelle bringen, genauso wie die Erdbeeren und verschiedenes Strauchobst. Das war eine gute Lösung, die zig Jahre Bestand hatte.

Ein anderer, wichtiger Aspekt für den Fortschritt war natürlich der Wiederaufbau beziehungsweise Neubau von Wohnhäusern. Dabei half ein spezielles, ganz selten vorkommendes Ereignis, damals eine Katastrophe, aus heutiger Sicht eher ein Glücksfall. Vor vielen tausend Jahren war, bezogen auf das Dorf, in einem Abstand von vielleicht zwanzig, fünfundzwanzig Kilometern ein Vulkan ausgebrochen und die ganz hoch in die Luft geschleuderten Lavamassen verteilten sich von der östlichen Eifel bis ins Mittelrheinische Becken. Das durch Wasserdampf und andere Gase aufgeschäumte, poröse Gestein lagerte sich ab und erkaltete. Darüber bildete sich, vom Wind weitergetrieben, ein Sedimentgestein, eine Art Feinsand. Man begann, den ›Bimsstein‹, das war der Begriff für das poröse Vulkangestein, auszubeuten (auch ein Fachbegriff) und zusammen mit anderen Materialien daraus quaderförmige Hausbausteine herzustellen. Das war die Basis für ganz viele Neubauten. Schnell entstanden Bimsfabriken, die vielen Männern in der Umgebung Arbeitsplätze verschafften. Die Tätigkeit war alles andere als einfach, denn man arbeitete ausschließlich draußen. Wie man so sagt, bei Wind und Wetter. Also auch bei Sonne und Regen. Die Leute, die Grundstücke besaßen, wo durch Probebohrungen Bims entdeckt wurde, konnten sich glücklich schätzen. Für dieses ideale Baumaterial gab es eine einträgliche Vergütung, und so mancher Durchschnittsbürger entwickelte sich zu einem plötzlich reich gewordenen Dorfbewohner. Langsam ging es wieder aufwärts. Das betraf auch die Mobilität im Sinne von privaten Fortbewegungsmitteln. Der einheimische Viehhändler bewegte sich fast nur noch in seinem schwarzen Opel Kapitän fort. Mit weinroten Ledersitzen. Es kam schnell das Gerücht auf, er hätte derart an Körperfülle zugelegt, dass er sein Prachtauto sogar mit dem Bauch steuern konnte. Weiter tauchten ein bis zwei Ford Taunus 12M auf, sowie einige andere Karossen. Nicht zu übersehen, etliche VW Käfer. Ältere Käfermodelle noch mit dem Brezelrückfenster, neuere schon mit durchgehendem, leicht gebogenem Glas. Die allesamt matten Farben beschränkten sich vorerst in der Hauptsache auf schwarz, grau, beige, dunkelblau und Pastellgrün. Erst gegen Ende der Fünfziger kamen leuchtendere Farben ins Spiel. Die eine Sorte Mensch, vom unerwarteten Bimsvorhaben schlagartig zu einem gewissen Reichtum gekommenen, blieb trotzdem bescheiden auf dem Teppich, andere wiederum verkrafteten den glücklichen Umstand nicht, in dem Sinne, dass sie ab jetzt die Nase höher hielten und es die kleineren Leute da unten auch gerne spüren ließen. Das Letztgenannte ein Effekt, den man allerdings bis heute bei vielen ›Neureichen‹ feststellen kann. Ich möchte ein mehrmals selbst erfahrenes Beispiel aus der Musikwelt hinzuziehen.

Mit Leuten, die man wirklich als Künstler bezeichnen kann – denn Kunst hat was mit Können zu tun – ist es oft leichter, normal umzugehen, weil sie ein gewachsenes, gesundes Selbstbewusstsein haben. Sie müssen sich nicht noch groß beweisen. Ausnahmen bestätigen wie immer die Regel. Selbsternannte ›Künstler‹, die plötzlich durch viel Glück und eher zufällig zu mehr Reichtum gelangt sind, benehmen sich oft unsicher, brauchen erst die Anerkennung und flüchten sich sicherheitshalber in eine Art Arroganz, um so ihren wichtigen Status zu manifestieren.

Es war ein Beispiel ›wie viele andere‹.

Was machten die Leute, wenn die Sonne im Hochsommer gnadenlos das Land zu verbrennen drohte? Die

Bauern waren dann schon in Herrgottsfrühe unterwegs, um notwendige Feldarbeiten zu verrichten. Danach nichts wie ins Haus und erst mal Abkühlung suchen; andere, schwere körperliche Tätigkeiten wurden möglichst in den frühen Abend verschoben. Tagsüber gab es aber noch ausreichend Beschäftigung auf dem Hof. Tiere füttern, ausmisten, Kühe melken, Milch verarbeiten, Marmelade kochen, Geräte in Ordnung bringen.

Die Fabrikarbeiter hatten keine Wahl, ihre Arbeitszeit der grausamen Hitze anzupassen. Die war unerbittlich festgelegt, von Montag bis Samstag; circa achtundvierzig Wochenstunden. Sie mussten sich dem Wetter unterordnen und genau wie immer mit dem Fahrrad oder mit dem Bus zur Firma fahren. Vielleicht auch zu Fuß. Klimaanlagen gab es in Form von ›einfach mal Durchzug machen‹, was allerdings wegen der räumlichen Verhältnisse noch lange nicht überall realisiert werden konnte. Es war einfach so.

Glücklich konnte sich schätzen, wer ein Haus mit Keller hatte. Die alten Häuser hatten fast alle Keller. Schon auf der düsteren Kellertreppe merkte man, dass es auf jeder Stufe nach unten etwas kühler wurde, allerdings meist gekoppelt mit zunehmend muffigem Geruch. Dieser unterirdische Trakt war der wichtige Kühl- und Vorratsraum. Ein besonderer Komfort, den aus finanziellen Gründen und mangels Platzes nur wenige genießen durften, war die Möglichkeit des Frischhaltens mittels eines sogenannten ›Eisschranks‹, eine doppelwandige, speziell aufbereitete Kiste, die mit Stangen- oder Blockeis bestückt wurde. Ein Eis, welches nicht zum Verzehr geeignet war und direkt von Eisfabriken bezogen wurde. Oder ein ›Eismann‹ brachte es ins Haus. Den Luxus eines Kühlschranks, der in den Fünfzigern entwickelt und angeboten wurde, konnten sich fürs Erste nur die wenigsten leisten. Das Geld war noch immer knapp. So richtig los mit der modernen Kühlmöglichkeit ging es ohnedies erst in den Siebzigern.

KAPITEL 23: BADEFREUDEN

Nun zu den im Hochsommer von der gnadenlos brennenden Sonne ausgelaugten, schachmatten Kindern und
Jugendlichen. Nach dem Motto ›Not macht erfinderisch‹
versuchte man auf irgendeine Weise an Badefreuden he-
ranzukommen. Wie konnten sie sich etwas Abkühlung
verschaffen? Ein Freibad gab es weit und breit noch nicht.
Nur ein Hallenbad, ein paar Kilometer entfernt. Das war
zwar im Winter sehr nützlich, gerade auch zum Schwimmen lernen bei den beiden Bademeistern mit den witzigen
Namen Schwarz und Braun. Hatte da jemand Blödsinn
im Kopf oder waren die Namen echt? Herr Schwarz und
Herr Braun! Soweit ich weiß, gelang es keinem der jungen
Leute, das jemals herauszufinden. Egal. Das erste Freibad,
nach dem sich alle sehnten, wurde erst viel später gebaut,
in ungefähr acht Kilometern Entfernung. Erreichbar mit
Bus (kompliziert), Fahrrad oder über holprige, staubige
und äußerst zeitaufwendige Feldwege zu Fuß.

Erfinderische Jungs hatten da eine andere Idee. Es gab
doch den offenen, mit Beton eingefassten Dorfbach, der
unter anderem seitlich entlang einer Straße verlief. Zu
der Zeit auch noch meist mit ausreichend Wasser gefüllt
und mit gleichmäßigem Gefälle. Einer der Älteren, Ludwig, hatte die verschiedenen Vorschläge seiner Kumpels
gesammelt, sie sortiert und daraus einen Plan geschmie-
det, mit dem er nun freudestrahlend rausrückte. In den
Bimsfabriken lagen doch viele Bretter rum, die für die
Weiterverarbeitung der Steine benötigt wurden. Damit
baute man sogenannte ›Arken‹, eine Art Regale, um die
gepressten Steine zu stapeln und zu trocknen. Also, man
musste einige Bretter besorgen oder ›mitgehen lassen‹.
Damit konnte man den Bach halbwegs zum Stoppen bringen. Und zwar genau an der Stelle, wo der offene Bach,
durch ein Eisengeländer grob gesichert, seinen Weg unter der Straße fortsetzte, um nach Unterquerung wieder

an die Oberfläche zu treten. Das Ganze mitten an einer Kreuzung! Kräftige Betonrohre hielten den Bach innerhalb dieser unsichtbaren Strecke in Schach.

Zurück zu den Staumaßnahmen. Die auf dem Fabrikgelände besorgten Bretter wurden im heimischen Gehöft von Ludwig passend gesägt, und er wollte sie dann genau an der Stelle zwischen den Betonrändern verkeilen, wo der Bach seinen dunklen, unterirdischen Weg antrat, oben gekrönt von dem eisernen Absperrgeländer. So weit, so gut. Aber durch die Ritzen zwischen den Brettern würde vermutlich noch zu viel Wasser durchlaufen; hier bedurfte es unbedingt einer Nachbesserung.

»Ich weiß, wie wir die Sache geritzt bekommen«, strahlte Michael.

»Geritzt bekommen?« Ein Ausdruck, der heute immer mehr in Vergessenheit geraten ist und dessen Ursprung nicht eindeutig nachvollzogen werden kann. Mit der Bedeutung ›Geht klar‹ oder ›So wird es gemacht‹.

Der Begriff passte genau zu der anstehenden Aufgabe, die Bretter noch besser abzudichten, nämlich die Ritzen dazwischen mit Tüchern oder Säcken abzudichten. Ein Einfall jagte den anderen. Hans Werner schaltete sich voller Tatendrang ein:

»Wir haben im Keller noch viele leere Säcke rumliegen, Kartoffelsäcke und so, da kann ich bestimmt welche von benutzen. Reicht das auch noch bis morgen?«

»Auf jeden Fall«, ergänzte Ludwig. »Ich brauch' auch bisschen Zeit, um die Bretter zu bearbeiten, so dass sie sich zwischen der Bachumrandung einklemmen lassen. Überhaupt ist es jetzt am Wochenende besser. Vorausgesetzt natürlich, das Wetter spielt mit. Wir sollten uns schon früh treffen und die Sperrung aufbauen. Dann haben wir mehr davon, als wenn wir das erst werktags nach der Schule machen. Gebt bitte auch den anderen Kumpels, die nicht gerade wasserscheu sind, Bescheid. Ich glaube nicht, dass da irgendwelche Mädchen mitmachen wollen.

Wenn doch, ist es auch okay. Das warme Wetter scheint ja zu halten. Also, bis morgen. Und nicht die Badehosen vergessen.«

Die kleine, nach Abkühlung und Abenteuer lechzende Kreativgruppe verabschiedete sich begeistert und malte sich schon das morgige Erlebnis aus.

Die Nacht verlief bei den mit dem Gedanken an ein selbstgebautes Mini-Freibad Beschäftigten ziemlich unruhig. Es war eine neue, lange ungeahnte Möglichkeit, der brütenden Sonne ein Schnippchen zu schlagen. Den Eltern wollte man sicherheitshalber nicht so gerne Genaues über das spannende Vorhaben erklären. Man bedenke: Wasserspiele mitten an einer Kreuzung! Vermutlich wäre da von den Erwachsenen ein klares ›Nein‹ gekommen. Dass es zu gefährlich und für andere belästigend sein würde. Lieber gingen die Jungs das Risiko ein, vollendete Tatsachen zu schaffen, in der Hoffnung, dass alles gut verliefe und die Großen letztendlich dem Nachwuchs den Spaß gönnten.

Und so traf sich am Samstag die Kerngruppe der aufregenden, bevorstehenden Aktion zu einer relativ frühen, ausgemachten Uhrzeit. Wie vor lauter Betriebsamkeit erst jetzt festgestellt wurde, gab es sogar links und rechts unterhalb des Sicherheitsgeländers metallene Führungsschienen. An irgendetwas Spezielles mussten die Vorväter dieser Konstruktion offenbar gedacht haben. Da diese Schienen durch ihre Abmessung einen gewissen Spielraum boten, versuchten die Abenteurer, diese für den Brettereinschub zu nutzen. Und siehe da, Ludwig hatte gut vorgearbeitet und die Bretter so abgemessen, dass man sie nicht nur einfach zwischen den betonierten Uferwänden einklemmen musste, sondern sie tatsächlich zwischen die senkrechten Metallprofile schieben konnte. Es ertönte ein lauter Jubelschrei. Das war einfach genial.

Inzwischen waren weitere Kumpels, mit ›Langschläfer‹ begrüßt, dazugestoßen. Sie wurden mit deutlichem Befehlston abgestraft und gebeten, sich um das Abdichten der Ritzen zwischen den eingeschobenen Brettern zu kümmern. Funktionierte erstaunlich gut mit den angeschleppten, natürlich leeren Kartoffelsäcken; es waren sogar einige alte Handtücher dabei. Der Bach sah sich danach gezwungen, seinen bis eben rasanten Lauf abzubremsen, an Höhe zu gewinnen und letztlich nach Erreichen der Bachbett-Oberkante in die Breite zu gehen, sprich ›über die Ufer zu treten‹. Ähnlich wie die menschliche Entwicklung: Langsam höher werden – sprich wachsen – und mit zunehmender Zeit in die Breite gehen – sprich zunehmen. Eigentlich ein bekannter Vorgang.

Mittlerweile hatten zufällig Vorbeikommende, von Neugier getriebene, angehalten, um zu erfahren, was sich hier, mitten auf der Straßenkreuzung, entwickelte. Wobei sich das bis vor kurzem harmlos dahinfließende Gewässer schon aus seinem zwangsverordneten Bett erhoben hatte, um nun auch die viel zu trockene Straße zu überfluten. Das nicht durch Regen entstandene Nass auf einer der örtlichen Verkehrsadern betraf und beeinträchtigte nicht nur die Fußgänger, sondern auch die Autofahrer, die ungewollt abbremsen mussten und äußerst vorsichtig weiterfuhren. Was auch immer hier vorging: nur kein Malheur verursachen. Die potenzielle Gefahr und der damit verbundene Ärger wurden nur allein durch die Tatsache abgemildert, dass es im Ort noch nicht allzu viele Autos gab, die zufällig in diese neue ›Wasserstraße‹ gerieten. Als der Überlauf des Baches so heftig wurde, dass die Fußgänger auf der anderen Straßenseite keinen trockenen Durchgang mehr hatten und sich auf Zehenspitzen fortzubewegen versuchten, und die wenigen vorbeifahrenden Autos größere Fontänen erzeugten, da endlich erbarmten sich die kleinen Staumeister und Badegäste, lockerten ein wenig die die Ritzen verstopfenden Säcke, bis der Wasserstand auf der Verkehrsstraße minimal runterging. Ein gewisser Ärger bei den Erwachsenen war zweifellos vorprogrammiert, aber glücklicherweise nicht bei allen. Man kannte halt die dörflichen Gegebenheiten. Es gab keinen See zum Schwimmen oder Baden, geschweige denn ein öffentliches Freibad. Einige ›Wasserratten‹ begaben sich zum nahegelegenen Rhein. Neben dem vielen Schiffsverkehr und dem vermutlich zu kalten Wasser gab es auch immer wieder Strudel, welche richtig gefährlich werden konnten. Es hatte im Vater Rhein leider auch schon Tote gegeben. Trotzdem riskierten vereinzelte Erwachsene, sich hier eine erfrischende Abkühlung zu verschaffen. Für die Halbwüchsigen war die Gefahr entsprechend noch größer.

All das war bekannt, und deshalb drückten auch viele Dorfbewohner ein Auge zu, wenn die Kinder eine Möglichkeit entdeckt hatten, ihren verständlichen Wunsch nach einem kühlen Nass ersatzweise hier – mitten auf einer Straßenkreuzung – zu erfüllen. So gut es eben ging, mit deutlichen Einschränkungen.

Die Sonne schien weiterhin gnadenlos und was gab es Schöneres, als sich im eigenen Dorfbach abzukühlen. Ohne große Anreise. Leider war es nur ein schmaler Bach und die Kinder waren gezwungen, sich abzustimmen, wer wann ins kühle Nass durfte. Ganz Mutige übten sich sogar an Sprüngen vom Eisengeländer in den gestauten Bach. Eine gewagte, bedrohliche Angelegenheit. Man musste nämlich genau die Mitte des Bachverlaufs treffen, denn sonst bestand die Gefahr, durch das weit über den Rand getretene Wasser die Betoneinfassungen des Baches nicht zu sehen und dann … lieber nicht weiter ausmalen. Soweit ich erfuhr, ist es zum Glück immer gutgegangen.

Wolfgang gehörte zu den vorsichtigen, lieber zuschauenden Wesen, die nicht gerne draufgängerischen Tätigkeiten nachgingen. Diese Haltung war auch eindeutig ein Teil seiner Erziehung. Das mit dem Bach war ihm nicht so ganz geheuer und Vordrängen, um auch Platz im Bach zu finden, war nicht sein Ding. Bei einer Sache allerdings, die als leichtfertiges Abenteuer zu bezeichnen ist, packte ihn plötzlich der Ehrgeiz und er wollte sich und anderen was beweisen. Das ist für die folgende Tat die einzige Erklärung. Das mit dem im Bach rumplantschen war mittlerweile eine nahezu eingefahrene Angelegenheit, und die Unternehmungslustigen suchten nach einem weiteren Kick. Das Bachstauen durfte absolut kein Dauerzustand sein, vielleicht mal ein paar Stunden oder höchstens einen ganzen Tag. Dann wurde wieder alles abgebaut und für eine spätere Aktion deponiert.

Jemand berichtete, dass ein besonders Mutiger gewagt hatte, durch das unterirdische Beton-Tunnelsystem von einer Straßenseite bis auf die gegenüberliegende Seite zu kriechen. Ohne Licht, sich auf den Knien bewegend, mit vermutlich weniger Sauerstoff, ohne die geringste Chance, das Ende des Tunnels zu sehen. Ein riskantes Abenteuer, bei dem es noch keine längere Erfahrung gab. Diese Sensation wollte sich Wolfgang auf keinen Fall entgehen lassen. Er lief zum Bach an die Stelle, wo vor kurzem das Wasser gestaut wurde. Hier standen schon einige Schaulustige, hauptsächlich Kinder, die weitere Draufgänger animierten, dieses Wagnis einzugehen. Es fand sich nach einigen heftigen Diskussionen tatsächlich ein weiterer, unerschrocken wirkender Rotschopf, der tönte:

»Ist ein Klacks, mach ich doch. Null Problemo!«

Vorsichtiger Applaus begleitete seine körperliche und mentale Vorbereitung, die sich durch kräftiges Strecken seines gesamten Körpers äußerte, gefolgt vom Niederknien im Bachbett und anschließendem Eintauchen in die enge Betonröhre. Sofort bewegten sich die neugierigen Umherstehenden, gespannt wie ein Flitzebogen, über die Straße ans andere Ende des unterirdischen Kanals, wo der Bach wieder offen zu Tage trat. Jetzt war absolute Geduld angesagt. Wie lange würde es dauern, bis der Rotschopf hier auftauchte? Ohne Schrammen auf der Haut, ohne aufgeschürfte Knie. Entspannt und mit erhobenem Haupt oder blass im Gesicht von dem gefährlichen Erlebnis? Es wurde aufgeregt gesprochen, ob das Ganze nicht doch zu waghalsig sei. Trotz der Abwechslung und des spannenden Zeitvertreibs bei dieser Sommerhitze wollte ja keiner ein Missgeschick erleben. Das Unternehmen zog sich mehr in die Länge als erwartet. Aber die Fortbewegung auf den Knien in einem stockdunklen Tunnel dauert. Dann endlich hörte man aus dem Tunnelende ein leises, angestrengtes Schnaufen und ein halliges, dumpf klingendes:

»Saublöde Idee, aber ich hab's gleich geschafft. Ich sehe schon das Licht.«

Die Blicke der Wartenden gingen sofort alle nur in eine Richtung. Wenige Sekunden später tauchte der Knieende, leicht zitternd, aber total erleichtert, auf, streckte sich kurz mit erhobenen Armen, um sie wieder schnell sinken zu lassen, und meinte:

»Da bin ich wieder. War verdammt einsam und anstrengend da unten, und stockfinster, aber ich hab's geschafft. Ich hab's wirklich geschafft! Die Sonne scheint hier noch heller als vorhin beim Start auf der anderen Seite.«

Es ist im Leben halt alles relativ. So offenbar auch das Sonnenlicht.

Nach dieser geglückten Unterquerung machten sich wieder alle – natürlich oberirdisch – zurück auf die andere Straßenseite, den Ausgangspunkt für den höllischen Kniemarsch. In Erwartung eines nächsten Opfers.

»Sowas würdest du ja nie wagen«, sagte provokativ einer zu Wolfgang, der zwischen den anderen auf den ungewissen Ausgang der riskanten Prüfung gewartet hatte, direkt ins Gesicht.

»Du doch ganz bestimmt nicht!«

Wolfgang, der wegen der Wahnsinnshitze, wie viele andere Jungs auch, in der Badehose rumlief, reagierte nicht sofort. Dann rief ihm noch ein weiterer Junge aus seiner Schulklasse zu:

»Trau dich doch einfach mal! Oder hast du etwa Angst?«

Mittlerweile hatten sich auch ein paar Mädchen zu den Zuschauern gesellt, die ebenso wie die Jungs erwartungsvoll und dabei kichernd auf Wolfgang blickten. Er schaute mit künstlich gespielter Lässigkeit in die gespannten Gesichter und äußerte endlich mit verhaltener Stimme:

»Also gut. Ich mach's. Wird schon schiefgeh'n.«

Diese Entscheidung wurde prompt mit großem Beifall bedacht.

Wobei sich die Mienen der Claqueure in Provokation und Bedenken aufteilten.

Wolfgang wiederholte in ähnlicher Form wie der erfolgreiche Vorgänger die Startvorbereitung mit Dehnen und Strecken, bevor er sich auf die Knie begab und todesmutig in die Unterwelt eintauchte. Das Licht verschwand leider sehr schnell und es blieb ihm nichts anderes übrig, als sich in dem dunklen Gefängnis abwechselnd auf dem wasserführenden Boden abzustützen und sich an den Seitenwänden der unerbittlichen Betonröhren weiterzutasten. Möglichst, ohne mit dem Kopf anzustoßen. Unerwartet bewegte sich etwas unter seinen Händen, unsichtbar, leise fiepend, einfach furchterregend. ›Ratten‹, schoss es ihm durch den Sinn. ›Wasserratten‹. Denn davon hatte er schon gehört, dass diese kleinen Biester solche Verstecke liebten. Hier hatten sie keine Konkurrenz zu befürchten und ein paar aufgeweichte Speisehappen kamen auch gelegentlich vorbeigeschwommen. Zum Glück verbot die Dunkelheit den Blick auf anderen, umhertreibenden Unrat. Igitt! Scheußlich! Aber es gab kein Zurück mehr. Wie hätte er sich auch in dem engen Kanal drehen sollen? Keine Chance. Er musste sich gedanklich schnell ablenken und an die bewundernden Blicke denken, die ihn hoffentlich bald in der Freiheit empfangen würden. Nur so hatte er die Motivation, dieses gewagte Unternehmen erfolgreich zu beenden. Trotz der Abkühlung im dunklen, nassen und modrig riechenden Kanal fühlte er ein paar Schweißtropfen auf der Stirn. Egal, nur nicht darüber nachdenken, einfach weiter, immer weiter. Die kraftraubende, mutige Unternehmung schien kein Ende zu nehmen. Und so quälte er sich ängstlich mit schmerzenden Knien und völlig steifem Rücken ganz langsam dem erlösenden Ziel entgegen, bis vorne endlich … endlich ein Lichtschimmer auftauchte, der das Finale des gefährlichen Abenteuers verkündete. Das berühmte ›*Licht am Ende des Tunnels*‹. Seine Bewegungen wurden etwas schneller, er schnappte gierig nach Luft, erreichte das Röhrenende, ging stöhnend in die Senkrechte und:

»Alle Achtung! Großartig gemacht, Wolfgang! Hätte ich nicht gedacht!«

So und ähnlich erreichten die Beifallskundgebungen der wartenden Meute seine angestrengten Ohren, bevor er überhaupt etwas sagen konnte. Was ihm insofern entgegenkam, weil er nicht von seinen Ängsten und Qualen berichten musste. Es war in der angespannten Atmosphäre ringsum eine große Erleichterung zu verspüren, denn zweifellos waren alle Umherstehenden heilfroh, dass alles gut ausgegangen war. Ich glaube, dass Wolfgangs Mutter glücklicherweise nie etwas von diesem waghalsigen Abenteuer erfahren hat. Jedenfalls ist ihm nichts dergleichen zu Ohren gekommen. Hätte die arme Frau auch in einen wahren Schock versetzt.

KAPITEL 24: FUßBALL

Unabhängig von der Jahreszeit, höchstens vom Wetter gelenkt, gab es für die meisten Jungs einen klaren Freizeitfavoriten: Fußballspielen.

Aber wo gab es einen geeigneten Platz, wie konnte man einen Torersatz auf die Beine stellen, wo durfte man überhaupt spielen, und wo fühlte sich kein zweibeiniges Lebewesen vom unvermeidbaren Lärm belästigt? Viele Fragen, die meist pragmatisch gelöst wurden. Es fiel einfach schwer, alle Kriterien zu erfüllen, man nahm lieber einen kleinen Ärger in Kauf. Nicht zu vernachlässigen war die vorherige Debatte am heimischen Herd, welche Schuhe fürs Kicken geopfert werden könnten. Richtige Fußballschuhe hatte keiner. Gescheite Turnschuhe waren aber auch eine Rarität, die tauchten in dieser Zeit erstmal in Amerika auf. Also – alte Galoschen an und ab.

Es gab ja keinen ausgewiesenen Sportplatz. Man brauchte auch nicht unbedingt einen solchen, da es keine offizielle Mannschaft gab, um beispielsweise regionale Wettkämpfe mit den umliegenden Orten auszutragen. Folgende Möglichkeiten hatten sich im Laufe der Zeit entwickelt. Eine davon war der Vorplatz einer Scheune. Hier gab es nur *ein* Tor und das war das große, hellblau gestrichene Scheunentor der Familie Dregger. Hier konnte man herrlich draufballern. Der Besitzer tauchte auch schon mal auf und freute sich sogar zusammen mit den jungen Sportbegeisterten.

»Ihr dürft hier gerne Fußball bolzen, da habe ich nichts dagegen. Nur versucht mal, die dreckigen Matschflecken vom Tor, also vom Scheunentor, wieder abzuwaschen.«

Das mit dem Matsch passierte immer, wenn bei Regen oder kurz danach gespielt wurde, dann donnerte natürlich der dreckige Ball voll auf die imposante Holzkonstruktion. Vermutlich war der fromme Wunsch des Eigentümers auch gar nicht so tierisch ernst gemeint. Bei den niedrigen

Schüssen war das anschließende Säubern noch einigermaßen machbar, aber bei den höher geflogenen Geschossen? Da hätten die Kerle jedes Mal eine hohe Leiter mitschleppen müssen.

Schließlich wurden die unschönen, braunen Ballabdrücke auf dem hellblau gestrichenen Scheunentor akzeptiert. Sie klebten wie die vertrockneten Reste von heruntergefallenen Schwalbennestern fest auf dem Holz.

Alternativ wurde ein anderer Platz gefunden. Hier konnte man sogar mit *zwei* Toren agieren. Und zwar auf dem Gelände einer Bimsfabrik. Mit herumliegenden Bimssteinen markierte man, durch ein paar Schritte abgemessen, ruckzuck die Tore. Die Länge des Spielfeldes richtete sich nach der Anzahl der spielwütigen Sportler.

Schiedsrichter gab es keinen, alles wurde in Absprache geregelt. Was selbstverständlich nicht automatisch glatt abging. Aber der Spaß am Spiel überwog und meist funktionierte die Einigung.

Noch eine Variante als Ersatz-Fußballfeld war eine baumbestandene Wiese. Die war zwar bei Weitem nicht schön eben, eher mit Gefälle und leichten Wellen, aber es gab Bäume, die man als Torbegrenzung gebrauchen konnte, obwohl sie nie der Abstandsnorm entsprachen; aber das spielte keine Rolle. Man maß die Schritte und … passt! Mal wurde nur auf *ein* Tor gespielt, mal über kleine, bucklige Umwege auf *zwei*. Hier auf der Wiese fiel man wenigstens weicher hin als bei den anderen Lösungen.

Dann gab es noch eine weitere, professionelle, aber gleichzeitig auch heikle Variante. Der direkte Nachbarort, ähnlich groß wie der eigene, war bekannt als ›Handballdorf‹. Das war sozusagen das Aushängeschild, denn immerhin bewegte man sich als kleiner Ort in der Oberliga und hatte hier einen ordentlichen, genormten Handballplatz. Und der war den Vereinsmitgliedern verständlicherweise heilig. Aber wurde der auch regelmäßig genutzt? Die konnten doch nicht vierundzwanzig Stunden lang Handball spielen! Das genau dachten sich die Hobbyfußballer und besprachen sich über die Vorgehensweise, wie und wann man in den Genuss dieses schönen, von den Handballern mit Argusaugen bewachten Platzes kommen könnte. Es war durch die Entfernung auch nicht möglich, mal schnell dahinzukommen. Der inoffizielle Weg führte über Feldwege, vorbei an Hecken und quer über Obstbaumfelder. Das allein barg schon Gefahren, denn öfter als einmal kam ein Bauer wütend angerannt und schrie:

»Haut nur ab. Ihr habt auf meinem Feld nichts zu suchen. Erst kürzlich hat so ein Mistkerl Äste von meinen schönen Kirschbäumen abgerissen. Wehe, wenn ich den erwische!«

In dieser Art wurden die Jungs schon öfter auf dem Querfeldeinweg zu dem herrlichen Spielfeld angefeindet.

Leider auch nicht immer zu Unrecht. Aber selbst das hielt sie nicht davon ab, weitere Anstrengungen zu unternehmen.

Um den Zeitpunkt der Nichtbenutzung von den Ballwerfern herauszufinden, bedurfte es einer Reihe von Versuchen. Die bedauerlicherweise oft kläglich scheiterten, weil die gerade Trainierenden die fremden Kicker rigoros vertrieben. Notfalls mit Knüppeln drohend und laut schreiend.

Die Balltreter aber wollten nicht aufgeben. Sie schafften es, durch untertäniges Bitten und Betteln, wenigstens mal auf *ein* Tor, auf einem richtigen, amtlichen Platz spielen zu dürfen. Das gelang gelegentlich, wenn die Gegner so wenige Mitspieler hatten, dass ihnen auch nur *ein* Tor zum Trainieren ausreichte und sie bei guter Laune waren. Man beäugte sich ständig, aber tolerierte sich gegenseitig. Das gelang, wie gesagt, nur manchmal. Die Handballer waren hier zu Hause und hatten eindeutig das Sagen.

KAPITEL 25: WM 1954

Das Jahr 1954. Neun Jahre nach Ende des zweiten Weltkriegs. Was für ein Datum! Deutschland atmete auf und die Wirtschaft machte langsam Fortschritte. Nach einem langwierigen Entscheidungsprozess wurde die Wiederbewaffnung beschlossen. Adenauer war Kanzler der Bundesrepublik Deutschland. Das Benzin kostete rund eine halbe DM pro Liter. Eisenhower hieß der amerikanische Präsident und die UDSSR wurde von Chruschtschow geführt. Hier wurde auch das erste Kernkraftwerk gebaut. Technische Errungenschaften wie Solarzellen, Transistorradios und Roboter gingen in Amerika an den Start. In unserem eigenen Land spielte auch die Unterhaltungsmusik eine wichtige Rolle und ließ das entstandene Leid zeitweise ein wenig vergessen. Das Radio war ein vorzügliches Medium und Künstler wie Peter Alexander, Caterina Valente, Vico Torriani, Gerhard Wendland und ›Die kleine Cornelia‹ (später als Conny Froboess berühmt) waren nur einige, die sich als erfolgreiche Schlagerstars präsentierten.

Man hörte sie ständig im Radio und vom Plattenspieler. Es kam wieder Lebensfreude auf, und die Texte über Liebe, Treue, Heimat und fremde Länder ließen die Hoffnung erneut aufblühen.

Und jetzt Bern. Bern? Das liegt doch im Land der Eidgenossen! In der Schweiz! Ganz genau. Und hier spielte sich 1954 ›Das Wunder von Bern‹ ab, wie es später genannt wurde.

Was war geschehen? Es war das erste Mal nach dem zweiten Weltkrieg, dass Deutschland an der Qualifikation für die Fußballweltmeisterschaft teilnehmen durfte. Und die Mannschaft gab alles. Sie steigerte sich von Spiel zu Spiel, und was wirklich kein Mensch erwartet hatte, sie kam ins Endspiel gegen die Ungarn. Und die hatten ein neidlos anerkanntes, saustarkes Team. Das Spiel wurde in der neutralen Schweiz, in Bern, ausgetragen.

Bei Wolfgang zu Hause gab es kein Radio. Er hatte daher seinen Besuch bei Tante Lisbeth und Onkel Egon, die ein paar Häuser weiter wohnten, schon lange angekündigt und sie freuten sich auf den kleinen Gast. Onkel Egon als notorischer Fußballfan, wenn auch nur theoretisch, saß selbst schon aufgeregt in seiner Zigaretten-verqualmten Stubenecke, im Halbdunkel nicht klar zu erkennen.

»Komm schnell, hock dich hin, gleich geht's los. Ich muss das Radio nur noch lauter stellen.«

Tante Lisbeth blieb gelassen. Sie hörte jahrein, jahraus gezwungenermaßen zwar viel vom Fußballgeschehen, vergaß aber alle Fakten ganz schnell, weil ihr das Interesse dafür völlig fehlte.

»Ich geh' mal in den Hof die Hühner füttern und im Garten nach dem Rechten sehen. Ich wünsch euch Beiden viel Spaß beim Hören. Aber regt euch nicht zu sehr auf. Ist ungesund. Die rennen doch sowieso nur rum und treten einfach gegen einen Ball. Verrückte Leute gibt's.«

Sie verzichtete tatsächlich freiwillig auf das zu erwartende sportliche Highlight im Jahr 1954.

Die beiden Sportskanonen saßen, leicht nach vorne gebeugt, in Position, als der Anpfiff des Schiedsrichters zu hören war. Die Männer in schwarz-weißen Trikots legten mit Vollgas los, genauso wie der unerschrockene Favorit Ungarn.

Die Trikotfarben waren im Radio bekanntlich nicht zu sehen, aber jeder Fußballer oder Fan wusste, dass schwarz-weiß die Standardfarben der deutschen Nationalelf waren.

Allein die Tatsache, dass es die Deutschen von insgesamt sechzehn Turniermannschaften bis zum Finale geschafft hatten – Wahnsinn! Die Köpfe der Enthusiasten gerieten immer näher an den Lautsprecher von dem vorsintflutlichen Radioapparat, um ja keinen Kommentar des Reporters zu verpassen. Es hatte im Stadion auch Regen eingesetzt, aber das schien keinen zu stören und von der Motivation abzuhalten. Die Spannung stieg von Minute zu Minute und die beiden voll konzentrierten Radiohörer riss es zwischendurch förmlich von den harten Stuhlsitzen. Plötzlich klopfte jemand heftig an die Eingangstür.

»Welcher Trottel wagt es, jetzt zu stören?!«, waren die ärgerlichen Worte des Onkels.

»Tschuldigung«, schrie jemand völlig aufgelöst durch die geöffnete Eingangstür zurück, »mir hat einer eben zugerufen, dass oben im Gasthaus an der Ecke ein Fernseher läuft, der das Spiel überträgt«, und rannte mit Affentempo davon. Wolfgang schaute Onkel Egon unsicher an, und bevor er vorsichtig fragen konnte, ob er …

»Los, los, zisch ab. Wenn das stimmt, dann kannst du unsere Helden vielleicht sogar sehen und nicht nur den Reporter hören!«

Er selbst war schon zu alt, um sich so unerwartet auf die Socken zu machen, aber Wolfgang schoss förmlich davon. Er wollte in der Zwischenzeit nicht zu viel verpassen. Schon von Weitem hörte er das Gegröle der in Ekstase geratenen Männer, die traubenförmig an der Kreuzung vor dem Lokal standen. Da die Räumlichkeit in der Stube drin zu klein war, hatte man den Schwarz-Weiß-Fernseher in weiser Voraussicht kunstvoll außen unter der Decke befestigt; direkt über der Eingangstür vom Gasthaus. Daher die Männeransammlung auf der Straßenkreuzung, die im Schatten der ehrwürdigen Kirche begeistert die Hälse nach oben reckten und ihre Lauscher mit den Händen nach vorne schoben, um möglichst viel von dem leicht quäkenden Ton des Reporters aufzufangen. Oft unterbrochen von:

»Seid doch endlich mal ruhig!«, »Quatschen könnt ihr zu Hause!«, »Dieses Spiel gibt's nur einmal!«, »Ich versteh' nichts!«, »Ruhe! Verdammt nochmal!«

Der abgehetzte Wolfgang hatte Mühe, einen Stehplatz zu erhaschen, wo das Bild wenigstens einigermaßen zu sehen und der scheppernde Ton zu hören war. Es waren endlos viele Begeisterte versammelt, deren Nervenkostüm sich an der eigenen Grenze bewegte. Es nützte alles nichts. Wolfgang stand mit roten Ohren da und war selig, auf dem Bildschirm hin und her rennende Fußballer zu sehen und einzelne Kommentarfetzen mitzubekommen. Nicht nur die Namen der deutschen Mannschaft kannten alle, auch die meisten des gegnerischen Teams waren im Kopf fest betoniert. Es war ein grandioses, einmaliges Erlebnis. Und als der Reporter Herbert Zimmermann den entscheidenden Spielzug kommentierte und plötzlich losschrie:

»Aus dem Hintergrund müsste Rahn schießen! Rahn schießt! Tooor, Tooor, Tooor!«, ist die Männerwelt auf der Straßenkreuzung nicht mehr zu bremsen.

Kurz danach ist es geschafft und mit einer Stimme, welche die Stimmbänder restlos auf Anschlag bringt, hört man den kurz vorm Herzinfarkt stehenden Berichterstatter brüllen:

»Aus! Aus! Aus! Das Spiel ist aus! Deutschland ist Weltmeister!«

Diese wenigen Worte haben gereicht, ihm für alle Zeiten ein Denkmal zu setzen.

Was dann noch weiter explosionsartig als Kommentar von dem Fernseher auf die Straße plärrte, war so gut wie nicht mehr zu verstehen.

Die Kreuzung vor dem Gasthaus hatte so eine begeisterte und aufgebrachte Menschenmenge noch nie erlebt. Auch das ganze Dorf nicht. Von ringsherum schallten diese bis heute berühmten Sätze aus allen geöffneten Fenstern.

Aus Radiolautsprechern natürlich. Keine Ahnung, ob jemand Privates schon so eine Wunderkiste wie einen Fernseher besaß. Egal, Wolfgang hatte an diesem ›Wunder von Bern‹ teilhaben können. Leider mit einer kurzen Unterbrechung.

Den ganzen Anfang hatte er doch noch bei Onkel Egon vor dem Radio verbracht. Was für eine Sensation.

Der Trainer Sepp Herberger, vom Spielführer Fritz Walter nur ›Chef‹ genannt, konnte stolz auf seine Jungs sein.

Vielleicht sollte man an dieser Stelle ruhig mal die Namen der Ballkünstler nennen, die den Älteren bis heute noch ein Begriff sind für Fleiß, Ehrlichkeit, Kameradschaft und Bescheidenheit. Eigenschaften, die es im Sport zu dieser Zeit noch gab. Der Begriff Leistungssport kam, soweit ich weiß, überhaupt noch nicht vor. Die sportliche Aktivität lief nebenher zur Berufsausübung. Kein ständiger Ankauf und Abverkauf für viel Geld, so wie es heute leider der Normalität entspricht.

Und diese grandiose Leistung ein knappes Jahrzehnt nach dem Krieg!

Noch heute sprechen bei Regen während eines Fußballspiels einige vom ›Fritz Walter Wetter‹. So einen Eindruck hat das Ereignis hinterlassen. Angeblich soll der Regen den Fritz zur Höchstleistung getrieben haben.

Neben *Fritz Walter* waren dabei:

Ottmar Walter, Toni Turek, Karl Mai, Horst Eckel, Max Morlock, Helmut Rahn, Werner Kohlmeyer, Hans Schäfer, Jupp Posipal und Werner Liebrich.

Heute berühmte und verehrte Namen, 1954 krasse Außenseiter in einer Berner Arena mit mehr als sechzigtausend Menschen.

Am nächsten Tag gingen die Kinder wie gewohnt am frühen Morgen zur Schule, nicht wie sonst halb müde, oft lustlos und träge, sondern sie standen noch voll unter Strom von dem gestrigen Ereignis. Das betraf ganz klar vor allem die Jungs, aber auch die Mädchen hatten die wahnsinnige Hysterie im häuslichen Umfeld und auf der Straße mitbekommen. Wie würde der heutige Schultag verlaufen? War man überhaupt fähig, die Gedanken auf Rechnen und Schreiben zu fokussieren? Der Klassenlehrer trat in den Raum, bewegte sich dabei schneller als üblich, bat zuerst um Ruhe, und nach einer kurzen Begrüßung, die freundlicher als gewohnt und nahezu fröhlich ausfiel, sprudelte es gleichsam aus ihm heraus:

»Ihr wisst doch alle, was gestern passiert ist.«

Bevor er weiterreden konnte, dröhnte es durch die Bankreihen:

»Klar, wer weiß das nicht! Wir sind Weltmeister!«

Und ein von seinem Sitzplatz wie ein Blitz Hochgeschossener ergänzte begeistert:

»Das Spiel des Jahres. Nein, des Jahrzehnts. Oder des Jahrhunderts!«

Die ganze Klasse klatschte und die Unruhe stieg bis zum Anschlag.

»So, bitte mal wieder beruhigen. Ich verstehe ja eure Begeisterung, bin selbst restlos überwältigt, aber ich muss euch jetzt was Wichtiges mitteilen.«

Bevor sich die überschwängliche Freude und das Durcheinanderreden wieder auf die normale Lautstärkeebene absenkten, kam der unerwartete Satz:

»Kinder, ihr habt heute schulfrei. Deutschland ist Weltmeister! Packt eure Sachen und ab nach Hause!«

Nach ›schulfrei‹ gingen die nächsten Worte komplett im Tumult unter. Ein tosender Jubel brach aus und so schnell wie noch nie leerte sich der Klassenraum. Kaum war man draußen auf dem Schulhof, verabredeten sich viele Jungs zum Fußballspielen. Zu was auch sonst? Die Mädchen jauchzten auch wegen des überraschend angekündigten schulfreien Tages. Aber Fußballspielen? Nee. Da wollte man sich lieber was Sinnvolleres ausdenken.

Bei den jungen Sportskanonen traf sich ein Grüppchen vor dem bekannten Scheunentor, eins auf dem Bimsfabrikgelände, andere auf einer Obstwiese. Das musste einfach gefeiert werden. Wolfgang war Werner Liebrich, Bodo Horst Eckel, Jochen Toni Turek. Weitere Namen der Berner Helden wurden vergeben, was gar nicht so einfach war; denn jeder hatte einen Lieblingsspieler, auf den er seinen Anspruch stellte. Und so wurde der schulfreie Tag nach dem Wundertag zu einem weiteren Höhepunkt für die Dorfjugend. Eine unvergessliche Begebenheit, nein: *die* Sensation.

KAPITEL 26: URLAUB UND FERIEN

Dieses einmalige Erlebnis hielt eine ganze Weile vor, zumindest bei den Jungs. Dann kehrte allmählich der Alltag zurück und damit die bescheidenen Spielmöglichkeiten an der frischen Luft. Was konnte man in den Schulferien anstellen? Es gab keine offiziellen Sportvereine, kein Schwimmbad, keine ausgewiesenen Spielplätze, keine Trimm-dich-Pfade. Der altehrwürdige Schachclub war eindeutig eine Sache für schlaue Erwachsene.

Urlaub in den Nachbarländern? Für die meisten zu der Zeit keine Option. Man musste das bisschen Geld gut einteilen. Ein wenig wurden die beneidet, die sich einen Urlaub in Bayern, an der Ostsee oder im Schwarzwald leisten konnten. Alternativ fuhr man auch gerne mit dem Fahrrad und einem kleinen Zelt auf dem Gepäckträger über die wenig frequentierten Landstraßen zu nahegelegenen, sehenswerten Orten. Für Familien verständlicherweise nicht so geeignet. Günstig für mehrere Personen war die Unterkunft in Jugendherbergen. Wer ein Auto besaß, konnte sich glücklich schätzen. Um mit der Bahn zu fahren, musste man erst mal zum nächsten Bahnhof gelangen. Und es war teuer, genauso wie das Fliegen, was so gut wie nie zur Debatte stand. Das Traumziel Italien mit Sonne, Meer und Strand war ein Privileg für Einzelne, die sich das leisten konnten. Dort lernte man Spaghetti, Pizza, Chiantiwein, Basilikum und Zucchini kennen. Was für ein Abenteuer. Als Mitbringsel ein rotleuchtender Chiantiwein in bauchigen Flaschen, die zu Hause als gemütliche Tropfkerzen-Ständer ihren Lebensabend verbrachten. Es folgte der Lernprozess des Spaghetti-Essens: mit der Gabel aufnehmen, in den Löffel befördern (für Italiener ein No-Go) und jetzt schön drehen.

Allmählich brachen sogar einige gut situierte in die Nachbarländer auf. Jugoslawien, Österreich, Schweiz,

Holland und Dänemark hießen die attraktiven Reiseziele. Jedes Mal ein richtiger Nervenkitzel.

Die daheim gebliebenen Kinder von daheimgebliebenen Eltern suchten sich in den Ferien Abwechslung und Unterhaltung vor der eigenen Haustür. Also im Hof, bei Nachbarn, auf der Straße, am Bach und auf den Wiesen zwischen den Hecken. Richtigen Wald gab es nicht, zumindest nicht in der Nähe. Die Mädchen vergnügten sich mit Puppenwagen samt Inhalt, Seilspringen, Hüpfspielen, Gummitwist, Schatzsuche und Stille Post. Außerdem bekamen sie zur Aufgabe, die noch kleinen Geschwister zu hüten, oder auch Nachwuchs aus der Nachbarschaft im Kinderwagen rumzufahren und gut auf sie aufzupassen. Eine große Verantwortung!

Für die Jungen stand das Fußballspielen zwar an erster Stelle, aber sie brauchten auch mal Abwechslung und suchten nach anderen unterhaltsamen Dingen.

Es gab zwei Nachbarjungs aus einer begüterten Familie, deren Vater ihnen eine, vom einheimischen Schreiner aus langen Brettern zusammengebaute, Tischtennisplatte geschenkt hatte. Die stand draußen in einem großen Hof. Und da es den Brüdern zu langweilig war, immer nur allein gegeneinander zu spielen, luden sie gelegentlich Wolfgang und ein paar andere ein, mitzumachen. Normalerweise war das Hoftor geschlossen. Doch wenn zum Tischtennisspielen gebeten wurde, gab es das ›Sesam öffne dich‹. Das war doch mal eine grandiose Sache. Tischtennis spielen wie die Großen. Zwar wies die Holzplatte durch die einfach aneinandergelegten Bretter kleine Lücken auf und hatte bestimmt auch keine Normmaße. Aber das wurde weder beanstandet noch nachgemessen. Das Netz, etliche einfache Schläger und Tischtennisbälle waren vorhanden. Wenn mehrere Kinder eingetroffen waren und sehnsüchtig aufs Mitmachen warteten, spielte man gerne ›chinesisch‹. Dann konnten etwa vier bis sechs Mitspieler gleichzeitig um die Platte rennen. Hierbei wird gegen den Uhrzeigersinn gelaufen, jeder darf einmal den kleinen Zelluloidball schlagen und dann ist der nächste dran. Nicht ganz einfach, es braucht Geschick und Schnelligkeit. Wer einen Fehler macht, scheidet aus und die beiden letzten spielen dann um den Sieg. Es kam auch schon vor – besonders in den Schulferien –, dass noch mehr Kinder voller Tatendrang in den Hof kamen und an die Tischtennisplatte wollten. Da musste sortiert werden:

»Du, du, du und du!« entschied Leo, der ältere Sohnemann des Grundstückeigners. »Ihr spielt jetzt chinesisch.«

»Und was machen *wir* so lange?«, fragten die anderen.

»Ihr könnt da hinten zu dem großen Sandhaufen gehen und mit den kleinen Figuren ›Cowboy und Indianer‹ spielen. Da liegen genügend rum, die müssten reichen. Vielleicht hat auch einer eigene, die könnte er beim nächsten Mal mitbringen. Wir geben euch Bescheid, wenn ihr mit dem Tischtennis dran seid.«

Das war doch eine hervorragende Alternative. Mit Winnetou, Old Shatterhand und Konsorten. Nur waren diese kleinen Helden nicht besonders standhaft und hartgesotten wie die Originale. Sie bestanden halt aus Gips, Ton, dickem Papier und Leim. Also vorsichtig damit umgehen, ansonsten bestand Bruchgefahr. Aber wie und was konnte man in dem großen Sandhaufen spielen? Ganz einfach. Mit den Händen wurden in den Berg Wege gebaut, Höhlen, Verstecke, brückenartige Übergänge. Wenn der Sand nicht so richtig halten wollte, wurde er kurzentschlossen mit etwas Wasser aus der Regentonne gefügig und fester gemacht. Mit Hölzchen, Ästchen, Blättern und Baumrinde konnte man Unterstände und Übergänge konstruieren und dem Sandhaufen die Vorspiegelung einer wilden Berglandschaft geben. Der Fantasie waren keine Grenzen gesetzt. Erst recht nicht bei dem eigentlichen Wildwestspiel. Da wurden die Figürchen gerecht aufgeteilt und jeder versuchte, gute Positionen für den Spielstart zu finden. Das dann in die Gänge kommende Anschleichen mit anschließendem Kampfgetümmel sorgte bei den agierenden Handlangern schnell für heiße Ohren und hochrote Köpfe. Da passierte es öfter, dass nach dem lauten Zuruf:

»Jetzt seid ihr endlich mit dem Tischtennis dran!« die erschrockene Antwort kam:

»Wir sind gerade mitten im Gefecht und es ist wahnsinnig spannend. Spielt doch noch weiter Tischtennis. Wir sagen sofort Bescheid, wenn es bei uns besser passt!«

Und irgendwann passte es wieder. Halt ein bisschen später. Es gab nämlich neben der sportlichen Betätigung und dem Cowboy-Indianer-Spiel noch eine weitere Möglichkeit der Beschäftigung. Quasi als zeitlicher Puffer zwischen den beiden Haupt-Attraktionen. Und zwar das Lesen von Comic-Heftchen, die nebenan auf einer langen, klapprigen Sitzbank rumlagen. Diese schmalen, waagerechten, auf billigem Papier gedruckten Schmöker waren ideal, um mal schnell ein bisschen rumzublättern und in wilde Abenteuer einzutauchen. Wie zum Beispiel *AKIM*, ein Dschungelheld, der den jungen Leser bei gefährlichen Aktionen begleitete und mit Affen gegen Bestien und Bösewichter kämpfte. Oder *SIGURD*, eine edlere Gestalt, sozusagen ein ritterlicher Held mit gutem Charakter, der sich, umringt von befreundeten Rittern, mit nicht so wohlgesonnenen, feindlichen Rittern anlegte. Groschenromane, die es für zwanzig oder dreißig Pfennige zu kaufen gab. Zusammen waren es also innerhalb ›einer‹ Lokalität, nämlich in dem besagten Hof, drei Möglichkeiten für einen angenehmen und ungefährlichen Zeitvertreib zugunsten von Körper und Geist. Letzteres gefüttert von harmloser Trivialliteratur. Das gab es jedoch nicht alle Tage, sondern hauptsächlich nur in den Ferien.

KAPITEL 27: FAHRRADRENNEN

Was es auch nicht alle Tage gab – ich glaube, insgesamt nur drei oder vier Mal in der gesamten Zeit – war ein ganz anderes Ereignis, bei dem mehr oder weniger das halbe Dorf beteiligt war. Teils freiwillig, teils gezwungenermaßen. Aber was genau? Bisher war es nur ein Gerücht. Irgendwas mit Fahrrad, hieß es. Der arme Wolfgang brauchte sich keine großen Gedanken zu machen, er hatte kein Fahrrad. Trotzdem war er einfach neugierig, was da geplant war, und er wollte sich das Geschehen auf keinen Fall entgehen lassen. Wer so eine verrückte Idee geboren hatte, wusste später keiner mehr. Es gab nur eine Vermutung. Gerade in diesem Dorf, wo alle Straßen mit großem Kopfstein (wahrscheinlich Basalt oder Grauwacke) gepflastert waren, ein Radrennen zu veranstalten. Das war nämlich mittlerweile durchgesickert. Und wo genau? Streckenverlauf? Start und Ziel? Teilnehmerzahl? Sicherheitsvorkehrungen?

Es gab zwei lange Straßen, die ziemlich parallel liefen und quer dazu zwei kürzere Straßen, die ebenso annähernd gleichgerichtet ihren Verlauf nahmen. Eigentlich waren es vier Querstraßen, aber man benutzte wegen des größeren Abstands logischerweise die beiden äußeren. Zusammen ergab es dadurch ungefähr eine Rechteckform. Und so konnte man zwar nicht im Kreis, aber im Rechteck rund fahren. Klingt merkwürdig, funktioniert aber einwandfrei. Wie gesagt, bestand die ganze ausgewählte Strecke aus einem gerade für Fahrräder unfreundlichen, holprigen Kopfsteinpflaster. Das schien jedoch offenbar keinen zu stören, der geistige Einfall hatte gewonnen. Man spekulierte einfach mit einer gewissen Anzahl an Publikum und dem sehr geringen Autoverkehr. Letzteren wollte man kurzerhand durch entsprechende Zeichengebung, von an jeder Ecke und auch dazwischen aufgestellten Aufpassern, zum zeitweiligen Stoppen bringen.

Wohlgemerkt, ohne Verbindung mit Sprechfunkgeräten und Lautsprecheranlagen. Klingt fraglich und gewagt, hat aber am Ende tatsächlich einigermaßen funktioniert. Auch hier nahm die Allgemeinheit wegen fehlender anderer Freizeitmöglichkeiten für die Jugend erstaunlich viel Rücksicht.

Wie man später erfuhr, kam der ganze Einfall sehr wahrscheinlich von Axel – als solcher hatte er sich vorgestellt – dem Einzigen, der nicht in diesem Ort zu Hause war, sondern als Externer öfter das Dorf mit seinem roten Rennrad heimsuchte. Um damit vor den Dörflern anzugeben? Oder wegen einer heimlichen Liebschaft? Keiner wusste es und wollte es auch gar nicht wissen. Im Ort selbst besaß kein Einziger ein Rennrad. Als sich Wolfgang aus Interesse mal scheu und vorsichtig beim einheimischen Händler nach einem Rennrad erkundigt hatte, in dem Bewusstsein, dass es seine Mutter sich finanziell sowieso nicht hätte leisten können, bekam er folgende Antwort:

»Das mit dem Rennrad kannst du direkt vergessen. Was glaubst du, was das mit diesen extra schmalen Reifen auf unseren rumpligen Katzenköppen (Kopfsteinpflaster) für ein bescheidenes Fahrgefühl ist. Da würdest du absolut keine Freude dran haben, und dein Hinterteil erst recht nicht.«

Das klang ehrlich und überzeugend. Der Fachmann hatte gesprochen. Aber gerade dieser Axel mit seinem blank geputzten Rennrad und den extra schmalen Reifen hatte es geschafft, andere junge Fahrradbesitzer für die Idee mit dem Wettrennen zu begeistern. Vielleicht, weil er sich mit seinem flotten Zweirad schon im Vorfeld als Sieger fühlte. Jedenfalls wurde ab sofort überall an den Drahteseln rumgeschraubt, Hand- und Fußbremse gecheckt, Luft in den Reifen überprüft, ebenso die Klingellautstärke, Nabe und Kette wurden geölt, Vorder- und Hinterrad mussten richtig sitzen und durften auf keinen Fall eiern. Endlich stand der Termin für die Rennpremiere fest. Das Wetter war dem Ganzen gut gesonnen und damit schon mal die halbe Miete. Durch die ungewöhnlichen Aktivitäten der Kinder und Jugendlichen aufmerksam geworden, war es allmählich auch bei den Erwachsenen angekommen, was dem Dorf beziehungsweise den vier wichtigsten Straßen bei diesem Manöver bevorstand. Wer Zeit und Interesse für dieses kühne Unternehmen hatte, stand erwartungsvoll am Straßenrand, mit einer sicheren Ausweichmöglichkeit, denn man wusste ja nicht, was alles passieren konnte. Ein etwas älterer Junge, der auf Grund seiner inneren Haltung und Beliebtheit eine gewisse Wertschätzung erfuhr, wurde als Schiedsrichter ausgewählt. Mangels Stoppuhr zeigte er stolz auf seine runde, neue Armbanduhr. Genehmigt. Für einen Renndurchlauf einigte man sich auf drei Runden. Start und Ziel am südlichen Ortseingang bei der Linde. Eine akustische Verbindung vom Startplatz zu den anderen Aufpassern gab es nicht. Die mussten also wahnsinnig schnell reagieren, wenn mal ein Fußgänger oder womöglich sogar ein Auto es wagte, das Radrennen in Gefahr zu bringen.

Die Hobbyrennfahrer standen dicht gedrängt, neben- und hintereinander, an einer mit Kreide auf dem Boden markierten Startlinie. Die jüngsten vorne, die älteren dahinter. Es dürfte sich in etwa um ein Dutzend Kandidaten gehandelt haben, vielleicht sogar ein paar mehr. Eine Trillerpfeife wie beim Fußball brauchte man nicht. Es reichte ein breit ausgerufenes:

»Bitte Platz machen! Wir starten! (Pause) Achtung – Fertig – Los!«

Die hoch motivierten Radler traten ohne Rücksicht auf Verluste ungestüm in die Pedale, beinahe hätten sich welche schon beim Start gegenseitig umgerempelt. Aber es war noch mal gutgegangen. Der Rennradler Axel wurde bewusst etwas weggedrängt, was er mit einem deutlich vernehmbaren Fluch quittierte. So wurde die erste Runde fortgesetzt und mit heftigem Geklingel auf die nahende Meute aufmerksam gemacht. Beim ersten Vorbeifahren an dem Startpunkt wurde zwecks Anfeuerung eine von der Armbanduhr abgelesene Zwischenzeit zugerufen. Untermalt vom Gejohle einiger Fans. Aber ich glaube, dass diese Zwischenzeit keinen so richtig interessierte, man hatte ja bei so einem Premiere-Rennen mangels Erfahrung sowieso noch keine Vergleichswerte. Beim zweiten Durchgang sah man das Rennrad ziemlich nach vorne aufgerückt, aber in der dritten und letzten Runde war Axel stark zurückgefallen. Vielleicht wegen der sehr dünnen Reifen auf den dicken Katzenköppen, oder weil er von den Einheimischen bewusst behindert wurde? Wer weiß das schon so genau. Gewonnen hat das erste Rennen ein kleiner, drahtiger Schwarzhaariger, mit dem zuvor keiner gerechnet hatte. Einen Pokal oder Ähnliches gab es natürlich nicht, aber viel Applaus; Bewunderung und Ehre reichten.

Allerdings waren auch Worte wie »Unverschämtheit«, »Rüpel« und »einfach rücksichtslos« bei einigen Umherstehenden gefallen. Aber das kam tatsächlich nur von einer Minderheit, denn der Spaß dominierte den Ärger.

Der Rennrad-Teilnehmer Axel, der fest mit einer großen Bewunderung seines Könnens gerechnet hatte, wurde mit einer Mischung aus Mitleid und Häme bedacht und meinte anschließend, er überlege, beim nächsten Rennen vielleicht mal auszusetzen, um sich in Ruhe eine bessere Taktik auszudenken. Das hatte er sich wohl als Entschuldigung für das schlechte Abschneiden ausgedacht, aber dann war er beim zweiten Durchlauf doch wieder dabei.

Es wurde bei allen Teilnehmern kräftig durchgepustet, Sauerstoff in die Lunge gejagt, Arme und Beine zur Lockerung durchgeschüttelt und dazwischen heftig diskutiert. Was man strategisch verbessern könnte, wie man unerwartet auftauchenden Personen oder motorisierten Vehikeln begegnen beziehungsweise ausweichen sollte, wo es angesagt war, sich wegen erhöhter Sturzgefahr ein wenig mit der Geschwindigkeit zurückzuhalten, und an welchen Stellen es geeignet war, aufs Tempo zu drücken. Die Zuschauer hielten sich mit ihrer Meinung und schlauen Empfehlungen auch nicht zurück, sodass es eine ganze Weile dauerte, bis man eine weitere Dreier-Runde einläuten konnte. Einige neue, ambitionierte und ausgeruhte Stahlrossbesitzer waren inzwischen noch eingetroffen, und ein paar Abgekämpfte, die schon die ersten Runden gedreht hatten, kündigten an, beim bevorstehenden Rennen erst mal auszusetzen. Das wurde unkompliziert geregelt. Man formierte sich neu, dieses Mal um eine Erfahrung reicher. Und siehe da, ein deutliches Raunen bei den Fahrern und dem Publikum war zu hören, als sich unerwartet ein blondes, langhaariges, sportlich wirkendes Mädchen eingliederte.

»Das ist doch die Gabi. Na, die traut sich ja was!«

»Das gibt's doch nicht, die hat hier überhaupt keine Chance!«

»Warte ab. So lässig, wie die auftritt. Wer weiß!«

»Jetzt wollen die Weiber schon beim Sport mit den Kerlen mithalten. Das kann doch nicht gutgehen.«

»Ich kenne die Gabi nur flüchtig. Aber weshalb soll sie nicht mal ihr Glück probieren? Abwarten!«

Das und ähnliche Sätze machten die Runde und es gab einen neuen Aufreger.

»Alle mal herhören«, rief der Schiedsrichter, also der mit der amtlichen Armbanduhr.

»Ein Mädchen, nämlich die Gabi, die bestimmt alle kennen, möchte gerne mitfahren. Ich hoffe, ihr benehmt euch und seid fair ihr gegenüber. Was aber nicht bedeutet, dass sie irgendwelche Sonderrechte bekommt. Sie muss sich genauso einordnen wie alle anderen und dieselben Regeln befolgen. Ich hoffe, dass das klar ist!«

Die Jungs nickten verständnisvoll und einige konnten sich trotz der klaren Ansprache ein leichtes Grinsen nicht verkneifen. Aber gut, es konnte wieder losgehen.

Am Startplatz wurde erneut Aufstellung genommen und das einzige Sonderrecht für Gabi war, dass sie mit in der ersten Reihe stehen durfte. Damit waren alle einverstanden, es war ja nur ein Mädchen. Das Prozedere war bekannt, man hatte mittlerweile eine Bestzeit zum Vergleich festgehalten und das bekannte Startsignal konnte gegeben werden. Sofort schossen alle los und die Rücksichtnahme auf das einzige weibliche Wesen bei der teilnehmenden Mannschaft hielt sich in Grenzen, in dem Sinne, dass diese Tatsache keine Beachtung fand. Das hat anscheinend bei Gabi einen besonderen Anreiz ausgelöst. In der ersten Runde musste sie sich offensichtlich noch an das überhöhte Tempo und das teuflische Pflaster gewöhnen, aber immerhin bewegte sie sich im Mittelfeld. Sie wurde von den Augenzeugen beim Vorbeirasen durch Zurufe laut angetrieben:

»Du bist mittendrin. Nicht nachlassen! Du kannst es schaffen!«

Und sie preschte in die zweite Runde, an jeder Ecke erneut von Ovationen begleitet. Dann kam die dritte und letzte Runde. Die langen, blonden Haare flogen im Fahrtwind und unterstrichen den Anschein eines enorm schnellen Tempos. Die Anfeuerung der hingerissenen Zuschauer wurde noch stärker. Diese begeisterte Unterstützung hätte sie fast zum Sieg geführt, es fehlten tatsächlich nur Sekündchen. Aber sie schaffte wider Erwarten immerhin den ehrenwerten zweiten Platz. Eine Wahnsinns-Leistung, wie alle zugeben mussten. Für ein einzelnes Mädchen zwischen lauter ehrgeizigen Jungs eigentlich genauso viel wert wie ein erster Platz. Diese Meinung machte, ebenso wie vorher die Radfahrer, die Runde.

Der kräftige, ehrliche Applaus der Zuschauer unterstrich den Erfolg von Gabi.

Axel bekam bei weitem nicht mehr die erwartete Aufmerksamkeit und beendete das Rennen enttäuscht irgendwo im letzten Drittel.

Fazit: Es ist im Leben alles relativ. Das beste Rennrad nutzt nichts, wenn die Straßenverhältnisse nicht dafür geschaffen sind. Dann haben sogar die mit den einfachen Vehikeln bessere Chancen. Eine ›Runde‹ fahren in einem ›Rechteck‹. Das war hier die mathematisch klingende, sportliche Aufgabe.

Da fällt mir gerade wiederholt der berühmte, Weisheit versprühende Satz von Sepp Herberger, dem Trainer der WM-Nationalmannschaft von 1954 ein:

»Das Runde muss ins Eckige!«

Nur mal so, als Erinnerung.

Und damit wären wir bei einer anderen, sportlichen Weiterentwicklung ›in einem Dorf wie viele andere‹.

KAPITEL 28: EIGENER SPORTPLATZ

Fußball – schon wieder mal – eindeutig der beliebteste Sport im Ort und ... ein Pfarrer, obwohl katholisch, hier grundsätzlich Pastor genannt, was übersetzt ›Hirte‹ bedeutet und eigentlich den Protestanten vorbehalten ist. Diese beiden, inhaltlich völlig verschiedenen Komponenten, galt es nun zusammen zu bringen.

Der erste Teil, Fußball und Fußball spielen, war interessenmäßig schnell geklärt, bis auf die Tatsache, dass es noch immer keinen richtigen Fußballplatz gab. Es musste durchaus kein elitäres Vorzeigeprojekt werden, alles in bescheidenem Rahmen. Nur ein ebener Sandplatz mit zwei Toren. Und da kam der Herr Pastor, die zweite Komponente, ins Spiel. Er war als neuer Seelsorger mit der Leitung der Kirchengemeinde betraut worden. Das war unbestritten seine Hauptaufgabe. Allerdings stellte sich heraus, dass er aus einer kinderreichen Familie stammte, wo alle Jungs dem Fußballsport zugetan waren und die meisten aktiv Mannschaftssport betrieben. So auch unser Herr Pastor. Nein, er betrieb als Kirchenmann keinen Mannschaftssport, das hätte sein Amt und sein fortgeschrittenes Alter nicht zugelassen. Aber er begeisterte sich einfach für das runde Leder und für alles, was damit zusammenhing. Deshalb hielt er es für ein großes Defizit, dass es im Dorf kein Sportfeld gab und alle Fußball-Begeisterten überall da rumballerten, wo es weder so richtig geeignet noch erlaubt war. Hier wollte er sich einschalten und der Jugend und offensichtlich auch sich selbst was Gutes tun. Er besprach seine ›göttliche‹ Eingebung mit ein paar zuständigen Gemeindemitgliedern und siehe da, es fanden sich bald weitere Mitstreiter. Die bis dahin brachliegende Abteilung kam ins Rollen und der wichtigste Herr des Kultur- und aufblühenden Sportressorts ergriff das Wort:

»Wir hatten ja schon öfter das Thema Sportplatz, aber wie das so ist, es kommen dann immer andere, noch wichtigere Dinge dazwischen. Nicht unerheblich: die Finanzierung! Aber für unseren Nachwuchs muss dringend was Vernünftiges angeboten werden. Das wurde bis jetzt leider etwas stiefmütterlich behandelt, zugegeben. Dabei ist sportliche Bewegung im Freien bedeutend besser und gesünder, als nur in der Bude rumzuhängen. Da haben Sie völlig Recht, Herr Pastor. Aber wo gibt es so ein geeignetes Gelände? Eines, wo unsere Landwirte nichts zu bewirtschaften haben und der Rest nicht direkt »Kommt überhaupt nicht in Frage!«, ruft. »Nicht auf meinem Grundstück.«

Mehrere Köpfe der Kommunalpolitiker nickten bestätigend.

»Ja, an diesem Punkt kann ich leider nicht helfen«, reagierte der Pastor. »Das muss die Gemeinde entscheiden. Und wenn das geklärt ist, werde ich gerne meinen Beitrag leisten. Nehmen Sie doch einfach mal den Gedanken auf und informieren mich, wenn Sie eine Lösung gefunden haben. Wenn's geht, nicht zu lange hinauszögern, damit wir noch anfangen können, bevor die kühlen und ungemütlichen Herbsttage einsetzen. Also, bis dann, ich mache mich wieder auf den Weg. Seid alle gesegnet!«

Ganz so schnell, wie von dem Geistlichen gewünscht, ging's natürlich nicht. Man beschloss, diese Woche die laufenden Projekte wie geplant abzuarbeiten. Bis jetzt war jahrelang in dieser Sache nichts unternommen worden, da kam es ja wohl nicht plötzlich auf ein paar Tage an. Jeder sollte auch nochmal genügend Zeit haben, sich ein bisschen Gedanken zu machen und dann mit konkreten Vorschlägen zu kommen.

Erst gegen Ende der nächsten Woche erhielt der Pastor die Nachricht, dass man nach langem Ringen und schwierigen Auseinandersetzungen mit den Bauern und Grundstücksbesitzern schlussendlich eine Lösung gefunden hätte. Leider außerhalb des Dorfes gelegen und dazu noch auf einer Anhöhe, nicht ganz leicht zu erreichen. Aber es gäbe bei dieser Flächennutzung keinen Widerstand wegen anderweitiger Verwendung, und dieses Stück Land gehörte darüber hinaus der Gemeinde selbst. Allerdings müsste ziemlich viel Eigenarbeit reingesteckt werden, weil das Geld für so ein bis vor Kurzem nicht geplantes Projekt im laufenden Budget nicht vorgesehen sei. Und jetzt kam die Überraschung:

»Trotzdem haben wir beschlossen, einen Teil des für kulturelle Dinge und diverse Reparaturen vorgesehenen Geldes für das Sportfeld umzuschichten. Das muss dann im nächsten Jahr nachgeholt werden. Und zwar wollen wir, um diese vorgesehene Fläche optisch von der umgebenden Wildnis abzugrenzen, ringsherum um den zukünftigen Sportplatz Pappeln pflanzen. Diese Bäume sind schön schlank, sehen gut aus und – vor allem – wachsen auch schnell. Außerdem werden sie den Akteuren nach ein paar Jahren Wachstum sicherlich etwas Schatten spenden. Was den Transport und die Anpflanzung angeht, wurde uns von anderer Seite freundlicherweise Unterstützung zugesagt. Aber das ist vorerst nur intern. Woher wir die jungen Bäumchen beziehen können, ist auch schon geklärt. Die Pappelaktion sollte bald in Angriff genommen werden, und danach könnte es im besten Fall verhältnismäßig rasch weitergehen.«

Der Pastor hatte auf eine zeitnahe Lösung des Problems gehofft und ahnte, dass da noch Einiges auf ihn zukommen würde. Er hatte den Stein ins Rollen gebracht, indem er mit dieser Sportplatzidee an das örtliche Amt herangetreten war. Nun fühlte er sich auch für den Fortgang mit verantwortlich. Auf jeden Fall ein sinnvolles Projekt speziell für die jungen Leute; aber weshalb auch nicht für engagierte und noch fitte ältere Semester? Er spürte eine gewisse Aufregung in sich hochkriechen. Hatte er sich vielleicht doch zu weit aus dem Fenster gelehnt?

Beim nächsten Religionsunterricht bei den Jungs erzählte er von dem Plan. Hier war die Begeisterung verständlicherweise riesig und es brach ein lautes Palaver aus mit vielen gescheiten und unsinnigen Ideen. Den Gottesmann freute dieser spontane Gefühlsausbruch, doch er musste nach der ersten Euphorie die Bremse ein wenig anziehen.

»Erst müssen die kleinen Bäumchen, nämlich Pappeln, gepflanzt werden. Für diese Aufgabe haben sich einige Erwachsene bereit erklärt, die auch sonst verschiedene Tätigkeiten in der Gemeinde ausüben. Ihr müsst bitte noch etwas Geduld haben. Aber es tut sich endlich was. Ist doch hervorragend, oder?«

»Und wie, Herr Pastor, wir freuen uns ganz doll!«

»Endlich ein richtiger Sportplatz!«

»Sollen wir helfen? Was können wir tun und wann sollen wir anfangen? Nächste Woche?«, kommentierten, sich gegenseitig übertönend, die Sportbegeisterten.

»So schnell schießen die Preußen nicht«, ist ein bekanntes Zitat. Und das galt auch bei diesem Unterfangen. Die Planung ging zwar relativ flott vonstatten, aber die Ausführung zog sich hin. Bäumchen aussuchen, Bäumchen bestellen, Bäumchen vor Ort bringen (wegen der schwierigen geografischen Lage nicht einfach), Seilchen im Carré als Markierung spannen, viele Löcher mit dem richtigen Abstand ausschachten, Bäumchen ordentlich einsetzen, Löcher mit Erde füllen, etwas Düngemittel rein, feststampfen, und nicht vergessen, mit dem mitgebrachten Wasser alles schön anzugießen. Jetzt warten, bis das neu Gepflanzte einigermaßen Wurzeln geschlagen und eine gewisse Standfestigkeit erreicht hatte. All das brauchte einfach seine Zeit.

Dann kam endlich die heiß ersehnte Freigabe. Der Rahmen für das neue Sportfeld in Form vieler hübscher, ordentlich gesetzter Bäumchen war gegeben, und der Priester war als Motivator nicht ganz freiwillig zu einem der Hauptakteure geworden. Aber er nahm diese Aufgabe schließlich gerne an.

Infolgedessen war die nächste Religionsstunde hervorragend geeignet, das spannende weltliche Projekt zusammen mit den Schülern weiter in Angriff zu nehmen, neben der geistlichen Weiterbildung, für welche die Unterrichtsstunde eigentlich gedacht war. Er informierte die Klasse über den neuesten Stand, nämlich dass die Pappelbäumchen ihren Platz gefunden und schon etwas angewachsen wären.

»Jetzt brauchen wir Freiwillige, die Zeit und Lust haben, den zukünftigen Sportplatz mitzugestalten. Ich denke, wir könnten vielleicht folgende Werkzeuge und Geräte zum Einsatz bringen. Ich zähle einfach mal welche auf, die mir so auf Anhieb einfallen: Schaufel, Spaten, Hacke, Axt, Beil, Baumschere, Gartenschere, Heckenschere, Sichel, Rechen, Unkrautstecher, Säge, Korb, Sack. Ich weiß, das klingt alles ganz schön viel und durcheinander; ich habe einfach mal Gegenstände genannt, die meiner Meinung nach eventuell für die Arbeit in Frage kommen könnten. Was wir dann genau brauchen, stellen wir fest, wenn wir mit der Schufterei angefangen haben. Gerade die Bauerskinder unter euch sollten bitte ihre Eltern fragen, was die zur Verfügung stellen können. Die werden bestimmt behilflich sein oder sogar noch eigene Ideen für unsere Aufgabe haben. Wir können uns dann am Pfarrhaus treffen und gemeinsam zu dem bewussten Gelände gehen. Ich weiß, wo es ist und wie man am besten hinkommt. Außerdem macht es mit so einer kleinen Prozession mehr Spaß, als wenn jeder einzeln lostrottet. Ich weiß als Geistlicher, wovon ich rede. Wir starten bitte kommenden Montag um vierzehn Uhr, dann habt ihr die Schule hinter euch und seid vom Mittagessen gestärkt. Am besten bringt ihr euch auch etwas zum Trinken mit. Schaffen macht durstig. Alles verstanden?«

Alle nickten entschlossen und voller Vorfreude. So eine Arbeit würde man im eigenen Interesse doch gerne machen.

Der erwartete Tag kam näher und alle, die bereit waren mitzuarbeiten, hatten fleißig nach Gerätschaften Ausschau gehalten, die für das Gestalten des Platzes nützlich sein könnten. Schon vor der ausgemachten Uhrzeit waren die meisten vor dem Pfarrhaus versammelt und warteten auf den Auftritt des Organisators im vertrauten, schwarzen Priestergewand. Denkste! Die mit kunstvollen Ornamenten verzierte Eingangstür öffnete sich knarrend und heraus trat ein in Dunkelblau gekleideter Arbeiter. Nämlich der Pastor in einem nagelneuen Blaumann in Form einer Latzhose. In der Hand hielt er einen neu aussehenden Spaten und in den aufgesetzten Taschen der Arbeitskleidung lugten Hilfsmittel wie Zollstock und Gartenschere hervor.

»Hallo Jungs, sind denn schon alle, die mitmachen wollten, anwesend?«

»Grüß Gott Herr Pastor. Zwei fehlen noch, wenn wir richtig gezählt haben. Wir sind ja auch noch etwas früh dran, es ist gerade fünf vor zwei. Vielleicht sollten wir die paar Minuten bis zur ausgemachten Uhrzeit warten. Die werden bestimmt gleich hier auftauchen. Alle hatten versprochen, pünktlich am Pfarrhaus zu sein.«

Tatsächlich, Punkt vierzehn Uhr standen alle Überzeugungstäter bereit, um sich mit dem Pastor an der Spitze in einer lockeren Prozessionsformation auf den Weg zu machen. Bewaffnet mit allerlei Werkzeugen sowie Geräten, bekleidet mit älteren, strapazierfähigen Klamotten. Aber es war kein grausamer Bauernaufstand der Dorfkinder, sondern eine wild entschlossene Gemeinschaft, die für die sportliche Zukunft der Heranwachsenden etwas Sinnvolles machen wollte. Und vorneweg die Geistlichkeit im Blaumann! Was sollte da noch passieren? Einige Passanten wunderten sich, was da im Anmarsch war, und grüßten ehrerbietig den Herrn Pastor, nachdem sie ihn in der merkwürdigen und ungewohnten Kluft erkannt hatten. Die gutgelaunte und deutlich hörbare Gruppe gelangte nach einer Weile zum Ortsrand und musste jetzt quer-feldein über Feldwege und unwegsames Gelände bergauf marschieren. Ab hier wurde die Unterhaltung deutlich gedämpfter, man brauchte mehr Sauerstoff zum Atmen.

»Da ist man ja schon kaputt, bevor man oben ist«, raunzte einer hinter vorgehaltener Hand, damit es der Pastor nicht hören konnte.

»Da musst du halt mehr trainieren, dann wird's schon gehen«, sagte der daneben Schnaubende.

Gut, dass der Chef vom Ganzen den Weg kannte, sonst hätten sich bestimmt einige verlaufen.

Oben griffen die ersten schon mal zu ihren Getränken. Kein Wunder, nach dem holprigen Aufstieg. Als auch der letzte, leicht erschöpft, das Ziel erreicht hatte, folgte nach kurzer Verschnaufpause eine erste Lagebesprechung. Die mitgebrachten Gerätschaften wurden inspiziert und die Aufgaben verteilt, soweit das in diesem Anfangsstadium überhaupt möglich war. Das Oberhaupt in der Latzhose ergriff das Wort:

»Ich weiß, aller Anfang ist schwer. Guckt einfach mal, was ihr so machen könnt, ohne euch selbst zu überfordern oder womöglich zu verletzen. Wenn etwas zu schwierig ist, starke Wurzeln oder Ähnliches, lasst es liegen und macht mit was Anderem weiter. Einige Erwachsene haben sich nämlich bereit erklärt, bei den harten Brocken, die euch Probleme bereiten, nachträglich mitzuhelfen. Finde ich super. Das Interesse an diesem Projekt scheint wirk-lich geweckt zu sein. Das ist viel wert.«

Bei den Akteuren war eine allgemeine Erleichterung zu verspüren und es wurde fleißig losgewerkelt. Dieser erste Einsatztag war wohl der anstrengendste.

Insgesamt zog sich die ›Kultivierung‹ der verwilderten großen Fläche über Tage und Wochen hin. Es war doch mehr Arbeit und Schufterei als vorhergesehen. Die jun-gen Mitarbeiter konnten wegen des Unterrichtes und der Hausaufgaben nur nachmittags mithelfen, und das bei

Weitem nicht jeden Tag. Zeit brauchte auch jedes Mal der Weg dahin und zurück. Der engagierte Pastor konnte auch nicht immer dabei sein. Neben seiner Vorbereitung und Durchführung der täglichen kirchlichen Aufgaben tätigte er auch regelmäßig Taufen, Krankenbesuche, sowie Trauungen und Beerdigungen. Hilfsbereite Landwirte kamen gegen Ende noch dazu, um mit großen Planiergeräten, die normalerweise für die Felder benötigt wurden, das Spielfeld wenigstens einigermaßen zu glätten und festzustampfen. Auch das war zu guter Letzt ›in trockenen Tüchern‹.

»Halleluja, wir haben's hinter uns gebracht! Keine Verletzte, keine besonderen Vorkommnisse!«, rief erfreut unser Pastor aus, unterstützt von den Stimmen des Ortsvorstehers und einiger Gemeindemitglieder, als zu diesem besonderen Anlass der Fertigstellung eine kleine Eröffnungsfeier angesetzt war. Und der für den Sportbereich vom Gemeinderat Ausgewählte ergänzte:

»Eine Bitte an alle, die jetzt auf diesem neuen Spielfeld versammelt sind und an die, welche hoffentlich von den hier Anwesenden zu Hause informiert werden: Ab der kommenden Woche kann der Platz benutzt werden. Aber unbedingt noch besondere Rücksichtnahme auf unsere vielen, neu gepflanzten Pappelbäumchen. Wir alle möchten sie doch schön wachsen sehen. Außerdem sollen sie bei starker Sonne auch etwas Schatten spenden. Der Spielbetrieb soll erst mal ganz locker losgehen, da wir ja keine fest etablierte Fußballmannschaft haben. Denn für die Fußballer haben wir, ehrlich gesagt, das ganze Projekt in der Hauptsache gemacht. Also sprecht euch am besten zeitlich ab – vielleicht auch in der Schule – wann ihr euch hier oben treffen wollt, damit es keinen unnötigen Zoff gibt. Eine ganz wichtige und unverzichtbare Sache, die ihr bestimmt schon bemerkt habt, hätte ich doch tatsächlich beinahe vergessen. Tut mir leid, sowas darf einem normalerweise nicht passieren. Wie ihr gewiss festgestellt habt, fehlt was ganz Entscheidendes, nämlich die beiden Tore.«

»Was? Beim Fußball braucht man auch Tore?«, tönte es ironisch aus der versammelten Gruppe.

»Ja, ich weiß, ich weiß. Ihr habt ja recht. Verzeihung! Aber das haben wir für den Anfang nochmal zurückgestellt, da das doch eine größere finanzielle Angelegenheit ist und wir erst mal den Fußballbetrieb testen wollen. So lange müssen sich die Sportler bitte mit irgendwelchen Tormarkierungen behelfen. Ich denke, Not macht erfinderisch. Später sehen wir dann weiter. Im Namen des Gemeinderats wünsche ich einen guten Start und viel Spaß beim geliebten Fußballspielen. Das war's.«

Es klang alles absolut verheißungsvoll, und obwohl der Weg von zu Hause zum Sportplatz und wieder zurück relativ weit und anstrengend war, wurde die neue Möglichkeit zur sportlichen Betätigung häufig genutzt – erstmal!

Wie gesagt, es klang alles sehr vielversprechend und hatte sich im Laufe der Zeit eingespielt. Bis eine unerwartete, neue Überraschung eintraf.

Wenn man schon einen lang diskutierten Fußballplatz sein Eigen nennen durfte, wollte man auch mal eine richtige Mannschaft aufbauen, um die Fußballkunst gelegentlich mit benachbarten Teams auf den Prüfstand zu stellen. Dieser Wunsch wurde in den Gemeinderat hineingetragen und stieß auf viel Verständnis. Aber es fehlten ja noch die Tore. Und bevor diese in Auftrag gegeben werden konnten, musste der Platz die offiziell vorgegebenen Maße vorweisen und dazu professionell vermessen und markiert werden. Dann erst könnte man einen Mannschaftssport mit richtigen Liga -Vereinskämpfen starten. Dürfte doch kein Problem sein.

Man erkundigte sich beim Deutschen Fußball-Bund (DFB), den es tatsächlich schon seit dem Jahr 1900 gab, nach den exakten Normmaßen für ein Fußballfeld, und die Angelegenheit wurde bald in Angriff genommen.

Mit dem erschreckenden Ergebnis: Die inzwischen zu richtigen kleinen Bäumen hochgewachsenen, dekorativen Pappeln waren entschieden zu nah an das geplante Normviereck gesetzt worden. Was jetzt? Die Aufregung steigerte sich bis zu Wutanfällen. Sehr milde ausgedrückt.

»Welcher Trottel hat diesen Mist verzapft? Endlich einen eigenen Fußballplatz bauen und dann die vielen Bäume zu weit nach innen zu setzen. Ich glaub', mich tritt ein Pferd!«

Und ein anderer:

»Wer war denn überhaupt dafür verantwortlich? Haben die Deppen gepennt oder ihr Gehirnschmalz zu Hause gelassen?«

Das waren noch lange nicht alle entrüsteten Reaktionen. Es entstand ein völliger Sprachwirrwarr. Jemand ergriff endlich das Wort:

»Es nützt alles nichts, womöglich hat sich einer vermessen und falsch abgelesen oder so. Vielleicht ist uns Fortuna hold und wir haben Glück im Unglück. Also sicherheitshalber einfach nochmal nachmessen. Auf ein Neues.«

Das Murren und Meckern hielten sich nach diesem Lichtblick in Grenzen, denn jeder hoffte stark auf eine zweite Chance, sich nochmal aus der Bredouille zu retten. Alle gingen wieder in Position. Mit Rollbandmaßen wurde mit Unterstützung einer jeweils zweiten Person, zwecks Gegenkontrolle, alles nochmal genauestens nachgemessen. Ergebnis: Es änderte leider nichts. Die erforderlichen Platzmaße konnten wegen der vielen wunderschönen, inzwischen kräftig angewachsenen Bäume, traurigerweise nicht erreicht werden. Nix mit Turnieren, keine Weiterentwicklung. Fußball-Liga? Deutscher Fußball-Bund? Vergessen!

Der unerfreuliche Ausgang der Vermessung schlängelte sich wie ein Lauffeuer durch den Ort. Diese Panne rief einen Sturm der Entrüstung hervor und wütende Kommentare machten die Runde.

»Welche Dilettanten waren denn da am Werk? Unser Pastor hatte doch eine prima Idee, etwas für die sportbegeisterte Jugend zu organisieren, und irgendwelche Blödmänner haben nicht aufgepasst und kein bisschen nachgedacht. Unglaublich!«

Der für die Finanzen zuständige Kämmerer beanstandete mit Recht die hohen Kosten für die ganze Pappelaktion, die jetzt ja wohl ›für die Katz‹ war. Fürs Bolzen würde das unfertige Fußballgelände reichen, aber es sollte laut Planung doch entwicklungsfähig und für die Zukunft sein. Was tun?

»Ich glaube, darüber muss man erst Gras wachsen lassen, wie es so schön heißt«, tröstete der leicht verzweifelt wirkende Ortsvorsteher. »Kommt Zeit, kommt Rat.«

Die Luft war erst mal raus. Nur ein paar Halbwüchsige juckte das alles nicht besonders und sie trafen sich immer mal auf dem mühsam zu erreichenden Gelände. Aber das waren nicht unbedingt die Protagonisten, die den Fußballsport im Dorf professioneller gestalten wollten. Dinge wie Vereinsgründung, regelmäßiges Mannschaftstraining, Wettkämpfe mit der Konkurrenz und Anteilnahme eines begeisterten Publikums waren schlagartig in weite Ferne gerückt. Den wenigen unermüdlichen ›Bolzern‹ wurde es allmählich doch zu lästig, sich für ein bisschen Rumspielen auf den unbequemen Hin- und Rückweg zu machen, und das komplette, mit Enthusiasmus gestartete Projekt, drohte einzuschlafen.

Das registrierten auch die Damen und Herren der Gemeindeverwaltung, die immer wieder von Bürgern auf den ungelösten Fall angesprochen wurden. Und das nervte!

Andere Aufgaben waren zwar dringlicher, aber bei diesem Thema rauchten die Köpfe am meisten. Wie kam man zu einer akzeptablen Lösung? Gab's einen rettenden Einfall, um die finanziellen Ausgaben für die Pappelbäumchen und die mühsame ›Flurbereinigung‹ auf dem, einer Wildnis gleichenden, Gelände doch noch zu rechtfertigen und ein sinnvolles Ergebnis zu bekommen?

Keiner wusste später mehr, wer diesen neuen Vorschlag in die Welt gesetzt hatte. Dafür redeten zu viele gleichzeitig aufeinander ein. Und welcher Art war die neue Erkenntnis? Im Dorf gab es bei den Bauern neben anderen Nutztieren bekanntermaßen auch Pferde. Neben ganz wenigen Reitpferden (Warmblüter) in der Hauptsache schwere Zug- bzw. Arbeitspferde (Kaltblüter), die mit ihrer Kraft und dem meist ruhigen Wesen in der Landwirtschaft unentbehrlich waren. Abfällig oft als Ackergäule bezeichnet. Sie wurden auf dem Feld gebraucht, zum Beispiel, um einen Pflug zu ziehen; sie schleppten schwere Fuhrwerke, und sie zogen den Leichenwagen. Schön und gut, aber was hat das alles mit dem verunglückten Sportplatz gemein?

Wenn einer von sich und seiner Idee überzeugt ist, gibt es leicht eine einfache Erklärung. Statt der Zweibeiner könnten sich vielleicht doch die Vierbeiner da oben sportlich beweisen? Weshalb nicht eine Art Reitverein ins Leben rufen? Verein wäre schon wieder zu hoch gegriffen; Reiterschar, Reitergruppe, Reiterclub, wäre erstmal angemessener. Eine Sache auf rein dörflicher Ebene, mit eigenen Regeln; da würden die vergeigten Maße wie bei der Fußballplatz-Idee bestimmt keine Rolle spielen. Da war keine Rede von Reithalle bei schlechtem Wetter, einem Schulpferd, einem Vereinsgesetz, Reitunterricht, von Dressur, von einer Springanlage oder von den verschiedenen Pferdesportdisziplinen.

Ein neuer Programmpunkt kam für die nächste Gemeinderatssitzung dazu. Diesmal ohne den pastoralen Ideengeber und Antreiber. Der verstand zwar etwas von Fußball, aber Reitsport? Das war eine völlig andere Baustelle.

Es kam, wie es kommen musste. Wie beim Fußball begann erst mal alles unorganisiert, ›ohne Rücksicht auf Verluste‹.

Der Tag eines ersten Versuches wurde ausgemacht.

Einige gesunde und kräftige Arbeitspferde wurden auf die Anhöhe getrieben und es war sogar ein Warmblüter aufgetaucht, der sich im Verbund mit den anderen, kräftig gebauten Pferdekollegen allerdings leicht unwohl fühlte. Und was konnte man hier anderes machen, als einfach die vorhandene Fläche zwischen den Pappelbäumen zu nutzen und seine Pferde in Gang, besser gesagt in Trab zu setzen? Es war einfach der Anfang eines weiteren Experiments. Das Neue für die Pferdehalter war, dass eine Reihe Pferde jeglicher Couleur versammelt war, um gemeinsam der Bewegung zu frönen. Die Charaktere waren vielfältig, wie beim Menschen auch. Es gab sture, gesellige, scheue, kuschelige, hitzige, geduldige und schlaue. Das brachte zumindest schon mal einen gewissen Unterhaltungsfaktor. Aber reichte das alles aus, um die Vorstufe eines Vereins ins Auge zu fassen?

Nach etlichen Reitrunden mit viel Trab und wenig Galopp wurde eine Pause eingelegt, denn die Reiter hatten Durst. Einige hatten sich mit einem kleinen Vorrat eingedeckt, aber was war mit den Pferden? Weit und breit gab es keinen Bach oder wenigstens einen Tümpel, um ihren Durst zu stillen. Soweit hatte vor lauter Premierenfieber kein Mensch gedacht. Eine weitere Hürde.

Was schon bei dem ursprünglich geplanten Fußballplatz ein großes Manko war, bestätigte sich auch bei dem neuen Projekt für Ross und Reiter. Das Gelände war wirklich umständlich zu erreichen, und die stämmigen Kaltblüter waren für sportliche Aufgaben naturgemäß nicht vorgesehen. Welcher Art musste die Reitausrüstung für Tier und Gelände sein, und wer sollte das alles in Schuss halten, Pferdeäppel aufsammeln und Trinkwasser für die beanspruchten Vierbeiner bereitstellen? Keiner hatte eine gescheite Lösung parat. Man einigte sich endlich auf einen zweiten Versuch und legte einen weiteren Termin fest. Nicht ohne ein komisches Gefühl im Bauch zu verspüren. Um es kurz zu machen: Der zweite Versuch fand, wie ausgehandelt, statt. Aber von der anfänglichen Euphorie war schon jetzt nicht mehr viel übriggeblieben. Die Reiter saßen fast lustlos auf den dahintrottenden Pferden, die gleichsam auch den ›Spaß an der Freud‹ verloren hatten. Arbeitspferde sind einfach nicht zum eleganten Reiten geboren, und Reitpferde bildeten eine extreme Minderheit, die sich eher gegen Null bewegte.

Es war mal wieder ein Test, mit Überschwang ins Leben gerufen, aber nicht zu Ende gedacht.

Und hier das Ergebnis der ganzen Sportplatz-Kampagne: Das mit dem Fußball war schon länger eingeschlafen, gefolgt von den ursprünglich ambitionierten Reitern, die schnell aufgaben, da sie kein passendes Konzept gefunden hatten. Die Natur war offenbar stärker und nahm sich allmählich all das wieder zurück, was ihr ursprünglich gehört hatte. Das Unkraut, das Gehölz und der originär unkultivierte Ackerboden schienen sich über den wiedergewonnenen, alten Zustand zu freuen, aber jetzt zur Zierde umringt von mittlerweile schlanken, hochgewachsenen Pappelbäumen, die sich nicht erklären konnten, was denn ihre eigentliche Aufgabe in dieser Wildnis sein sollte.

Wolfgang hatte mit den ganzen, jetzt gescheiterten Bemühungen wenig am Hut gehabt. Das fehlgeplante, ungünstig gelegene und mittlerweile nicht mehr beachtete Fußballfeld war von seinem Zuhause recht weit entfernt und stand nie im Fokus seines Interesses. Da bolzte er lieber wie bisher auf einem improvisierten Fleckchen Erde in der Nähe. Und das mit den Pferden war für ihn verständlicherweise überhaupt keine Option. Diese – wie sich schnell rausstellte – unausgegorene Idee war eine reine Angelegenheit der Großen.

KAPITEL 29: FASSENACHT

Was Wolfgang aber in den Fingern juckte, war ein ganz anderes dörfliches Highlight. Ein kulturelles Fest ›*Für alle zur Freud und niemand zum Leid*‹.

So lautet ein bekannter Slogan für die ›*Fünfte Jahreszeit*‹, wo alle ein wenig verrücktspielen durften.

Das Ereignis gab und gibt es bis heute kurz vor der religiös begründeten Fastenzeit gleichzeitig in verschiedenen Regionen Deutschlands. Hier überschneiden sich Vergangenheit und Gegenwart, da viele ähnliche Traditionen bis heute nur geringe Änderungen erfahren haben. Mal heißt es Karneval, mal Fasching, mal Fastelovend (in Köln, der Abend vor Beginn der Fastenzeit). Und hier, in diesem rheinländischen Heimatdorf, sprach man von ›Fassenacht‹. Ich könnte noch viele weitere Begriffe nennen, aber die kursieren in allen möglichen anderen Gebieten mit ganz unterschiedlichen Gebräuchen.

Das, was die eingewanderten Schlesier nicht kannten und daher skeptisch beäugten, war für Wolfgang eine reizvolle, aufregende Sache. Ihm standen auf Grund seines jungen Alters noch keine Traditionen im Wege. Er wollte einfach teilhaben.

So wie Wolfgang erging es mehr oder weniger allen Dorfbewohnern, man konnte sich der Tradition kaum entziehen. Die Welt schien auf dem Kopf zu stehen, Narren und Jecken hatten das Ruder übernommen.

Das Rathaus – hier im Dorf das Gemeindebüro – wurde gestürmt und die Fassenachter hatten symbolisch für ein paar Tage die Macht der Regierenden übernommen. Los gings mit Weiberfastnacht, hierzulande auch Schwerdonnerstag genannt. Das war immer der Donnerstag vor Aschermittwoch, dem Beginn der Fastenzeit. Es war der Tag, an dem die ›Möhnen‹, ältere oder als alt verkleidete weibliche Personen quasi Regie führten, um den sonst immer dominierenden Herren der Schöpfung Paroli zu bieten.

Übrigens eine Sitte, die laut Überlieferung ihren Ursprung in anderer Form schon im Mittelalter hatte. Ehrlich gesagt, alles unter dem Leitmotiv ›symbolisch‹.

»Frauen an die Macht«, war so ein gerne getätigter, von den Herren der Schöpfung nicht ernstgenommener Ausspruch.

Das äußere Erscheinungsbild der ›Weiber‹ war durch Verkleidung und Vermummung bewusst hässlich. Man erlaubte sich unter der Maskerade allerhand Freiheiten, die, zugegeben, nicht immer zum guten Ton gehörten. Zu einer beliebten und oft praktizierten Aktion gehörte das ›Krawattenabschneiden‹ bei den Schlips-dekorierten Männern, als Symbol der schmachvollen Erniedrigung. Die Männer, welche das Spielchen schon kannten, suchten im Kleiderschrank nach alten, ausgedienten Modellen, die sowieso reif für die Entsorgung waren; oder ließen das männliche Schmuckstück an diesem Tag ganz weg; mit dem Verzicht auf ein Möhnenküsschen, das manche ›Weiber‹ quasi als Entschuldigung für das Schlipsabschneiden verteilten. Aus schlechtem Gewissen?! Eher nicht!

Der über die Fassenachtstage immer wieder gehörte Narrenruf ›Alaaf‹ wurde vermutlich aus dem Kölner Raum adaptiert und bedeutete, völlig frei übersetzt, wohl sinngemäß sowas wie ›Jetzt zählt nur das eine: Fassenacht‹. Diese Erklärung scheint mir zwar sehr weit hergeholt und dem Zwecke ungeniert angepasst, aber was soll's.

Wo der Konkurrenzruf ›Helau‹ entstanden ist, weiß keiner mehr so recht. Das ganze Feiern war ursprünglich eine traditionelle, feuchtfröhliche, ungezwungene Angelegenheit, bis das unvermeidliche Vereinswesen (Karnevalsverein / Fassenachtsverein) Einzug hielt. Dann wurde es schnell fast beamtenmäßig deutsch. Nach sorgfältigen Überlegungen werden die Pöstchen verteilt und es formieren sich der Präsident, der Vorstand, der Elferrat, ein Finanzminister, ein Kommandant, ein Funkenmariechen und vor allem der Prinz und eventuell eine Prinzessin.

Wahrscheinlich gibt es noch mehr zu besetzende Positionen, die mir zurzeit nicht mehr alle einfallen. Und wegen der Schwärmerei für das straff geführte Preußentum am Ende des neunzehnten Jahrhunderts leisteten sich die Fassenachter – allerdings als Persiflage des Militarismus – sogenannte Funken, ein Begriff, dessen Entstehung auch nicht mehr eindeutig zu klären ist. Es gibt sie im Rheinland nach wie vor. Die ›Roten Funken‹ in rot-weißer Uniform, hervorgegangen von den früheren Kölner Stadtsoldaten. Heute als Wachbataillon des Prinzen. Die ›Blauen Funken‹ in blau-weißer Uniform vertreten die Artillerie und führen eine Kanone mit sich, die im Faschingszug auch ab und zu kräftig losdonnert. Diese Abteilung stellt auch ein Tanzpaar, nämlich das Tanzmariechen und den Tanzoffizier, die den sogenannten Gardetanz zelebrieren, in der Hauptsache bei den in großen Sälen stattfindenden Veranstaltungen.

Das war jetzt schon mal so Einiges an karnevalistischem Basiswissen. Es geht weiter.

Für die ›älteren Semester‹ gab es die abendlichen Saalveranstaltungen. Sogenannte Sitzungen oder auch Kostümsitzungen, bei denen sich alles auf einer großen Bühne abspielte. Tanzgruppen, Gesangsgruppen und Büttenredner. Die Bütt: ursprünglich ein Rednerpult in Fassform. Hier konnten die mutigen Jecken mal so richtig loslegen und über Lokal- und Staatspolitik herziehen, aber immer mit einem leichten Augenzwinkern. Es durfte nie in Beleidigungen und Beschimpfungen ausarten. Oder man versuchte es mit Allerweltswitzen, die Hauptsache, es wurde gelacht und die Stimmung im Saal war bombig.

Für die Großen besonders spannend waren die Maskenbälle. Hier stand der Dorfklatsch schon auf der Lauer. Neben den ideenreichen und abenteuerlichen Verkleidungen wurden auch die Gesichter mit Masken verdeckt, am liebsten so gekonnt, dass die darunter befindlichen Personen – es handelte sich hier immer um die Damen – nicht erkannt werden konnten. Was war das für ein Aufschrei und Gejohle, wenn Punkt Mitternacht die Demaskierung stattfand und sich so manch einer wunderte, mit wem er den ganzen Abend getanzt und geflirtet hatte. Das führte zu Überraschungen in positiver und negativer Richtung. Die freudigen Reaktionen konkurrierten mit Schrecken und Eifersüchteleien, wenn zum Beispiel die Ehefrau feststellte, dass der Herr Gemahl pausenlos mit der hübschen, jungen, aufreizend gekleideten Nachbarin geschäkert hatte. Das wurde unverkennbar den ganzen Abend von allen Seiten her scharf beobachtet und die nächsten Tage in vollen Zügen diskutiert.

»Ich hab's doch die ganze Zeit geahnt, da war schon länger was im Busch.«

»Spätestens um Mitternacht bei der Demaskierung hat sich bestätigt, was ich lange vermutet hatte. Genauso ist es jetzt gekommen.«

Solcherart klangen die Aussagen hinter vorgehaltener Hand, und wurden die nächsten Tage beim Einkauf gerne sinngemäß wiederholt. Der Dorftratsch hatte neues Material.

Für die Kinder und Halbwüchsigen waren die Straßenfassenacht und der große Umzug viel interessanter. Die gängigsten Verkleidungen waren lange Zeit Cowboy und Indianer. Ansonsten gab es viele undefinierbare Modelle, oft von der Mutter oder Oma kurzfristig selbst genäht. Völlig egal – Hauptsache, irgendwie verrückt. Manche fühlten sich in der Kostümierung sauwohl, andere brauchten eine Weile, bis der Mut die Scheu besiegte, notfalls half auch eine Maske vorm Gesicht.

Es bedurfte für manchen einiges an Beherztheit, sich mit so einem Outfit auf der Straße zu bewegen. Es war die Gelegenheit, das ein oder andere den Erwachsenen nachzumachen. Ein heimliches Schlückchen Alkohol, ein bisschen Zigarette paffen, vorsichtig nach den hübsch verkleideten Mädchen Ausschau halten.

Der Höhepunkt der Festivitäten kam dann mit dem Fassenachtszug, welcher hier im Dorf im Turnus von zwei Jahren stattfand. Es war für eine kleine Örtlichkeit immerhin ein immenser Aufwand, zeitlich, finanziell und personell gesehen. Schon Wochen oder sogar Monate vorher wurde mit dem Wagenbau begonnen. Wer von den Bauern eine große Scheune hatte und ein Jeck war, versuchte ausreichend Platz zu schaffen, um einen Wagen bauen zu können. Da es in der kalten Jahreszeit stattfand, hatte der Landwirtschaftsbetrieb, was die Gerätschaften anging, eine winterliche Zwangspause und man konnte die momentan nicht benutzten Teile eng zusammenstellen, um genügend Fläche für einen großen Wagen bereitzustellen. Den Wagenbau konzipierten meist die einzelnen örtlichen Vereine. Der Fassenachtsvorstand gab ein Zug-Motto bekannt, und dann konnte jeder kreativ werden. Die Ideen wurden gesammelt, lang und breit besprochen und dann in Form gebracht. Wichtig war, die vorgegebenen maximalen Maße für die beteiligten Fahrzeuge einzuhalten, damit auch die engsten Stellen im Zugverlauf passiert werden konnten. Der vorgesehene Wagentyp spielte eine Rolle und auch die Anzahl der darauf agierenden Leute. Vielleicht wurde ja noch eine Musikanlage gebraucht? Gezogen wurden die kleinen und großen Wagen entweder von Pferden, Traktoren oder kompakten Unimogs (im Prinzip Klein-LKWs). Die Arbeit konnte beginnen und die Scheunen hatten den großen Vorteil, wetterunabhängige Tätigkeiten zuzulassen. Gelegentlich durften Neugierige auch mal einen Blick auf den Fortschritt der Wagenbaukunst werfen. Jedenfalls, wenn sie nicht durch dummes Gequassel und Sprücheklopfen die fleißigen Mitarbeiter bei der Arbeit störten. Erstaunlich, mit welchen Materialien die herrlichen Aufbauten geschaffen wurden. Es war ein einziges Hämmern, Sägen, Schrauben und Anstreichen im Gange, wobei man sogar versuchte, wenn möglich, die Zugmaschinen komplett zu verkleiden, inklusive der großen Reifen. Diese Mühe machten sich noch lange nicht alle Vereine in den viel größeren Orten. Chapeau!

Der Tag des Festumzugs war gekommen und alle Wagen versammelten sich an einem großen, freien Platz am Ortsrand. Ebenso die vielen Fußgruppen, Spielmannszüge und Blaskapellen.

Die Reihenfolge der Aufstellung wurde akribisch überwacht und nochmal einiges zum Ablauf erklärt. Vorneweg fuhr ein Gefährt mit Blaulicht, um die vielen, am Straßenrand wartenden Zuschauer vorzuwarnen. Dazu tönte es in stimmungsgeladener Laune aus dem Lautsprecher:

»Alaaf, Alaaf, liebe Leute. Der Zug ist im Anmarsch. Bitte ab sofort nicht mehr kreuz und quer über die Straße laufen. Bleibt dicht am Straßenrand stehen, damit die Wagen gut vorbeikommen und passt auf, wenn die Pferde anrücken. Nicht das die durch plötzliche Schreie und wildes Gestikulieren scheuen und in Panik geraten. Wir von der Karnevalsgesellschaft (hier mutierten die verschiedenen Begriffe gelegentlich) wünschen euch allen viel Spaß und besonders den Kindern ein fröhliches Kamellefangen. Unsere Vorratskörbe sind gut gefüllt. Alaaf, Alaaf!«

Und so geschah es auch. Es wurden Kamelle, andere Süßigkeiten, Apfelsinen, kleine Parfümfläschchen und einzelne Rosen ins Volk geworfen. Viele Zuschauer waren mit Taschen und Tüten bewaffnet, um möglichst viel von den begehrten Geschenken reinpacken zu können. Die Jecken, die einen Fensterplatz innehatten, mussten öfter in Deckung gehen, weil die Wurfgeschosse eine hohe Geschwindigkeit aufnahmen. Dazwischen immer wieder bunt und verrückt verkleidete Fußgruppen sowie die verschiedenen Musikformationen. Oft klang es wie auf einem Kirmesplatz; verschiedene Musikstücke tönten gleichzeitig aus allen Richtungen. Die vordere Kapelle war noch heftig am Tröten, während genauso laut schon die nächste mit einem völlig anderen Lied anrückte. Aber das macht ja auch den speziellen Reiz eines solchen Ereignisses aus. Da die Länge der Zugstrecke in dem kleinen Ort überschaubar war, gab es viele Stopps, die mit artistischen Darbietungen der Fußgruppen, freundlichen ›Alaaf‹-Rufen und begeistertem und bewunderndem Jubel ausgefüllt wurden. Und weil man sich im Dorf meist gut kannte, wurde dem einen oder anderen auch mal ein Schnäpschen eingeschenkt oder es gab zur Aufwärmung eine Tasse Kaffee. Einmal bekam der kleine Wolfgang einen Schreck, als er zum Pippimachen mal schnell ins Haus seines Onkels Erich verschwand und mitten in einer Horde von angeseilten Hunden landete. Er erledigte eilig sein Geschäft und wollte dann wissen, was es mit dem Hundezoo auf sich hatte. Ganz einfach. Onkel Erich hatte sich als Zugnummer einen Hundefänger ausgedacht. Hunde gab es in der bäuerlichen Nachbarschaft genug, aber es war wirklich nicht einfach, diese Bande auf engem Raum zusammenzuhalten. Das ohrenbetäubende Gekläffe, vermischt mit einem winselnden Gejaule in dem kleinen Wohnraum, waren verdammt lästig und total nervenaufreibend. Dabei wollte der Onkel bei einem Zugstopp in der Nähe seines Hauses nur mal schnell ein Tässchen Kaffee zu sich nehmen. Und die Hunde brauchten etwas Wasser zum Schlabbern. Nachdem er die vielen verhedderten Leinen wieder einigermaßen sortiert hatte, ging es fix zurück ins Zuggetümmel.

Die Kälte kroch den am Straßenrand aufgereihten Menschen langsam unter ihre Klamotten, aber Aufgeben galt nicht. In den Manteltaschen befanden sich nicht selten kleine Alkoholvorräte zum Aufwärmen, oder man nippte am heißen Kaffee aus der mitgebrachten Thermoskanne. Auf jeden Fall wollte man die wichtigste Zugnummer, nämlich den am Ende positionierten, prunkvollen Prinzenwagen sehen. Der war immer am längsten, am höchsten und am aufwändigsten. Vorne mit zwei stilisierten Pferden oder Löwen als Zeichen für Macht und Reichtum. Die mit samtrotem Teppich ausgelegten Stufen führten hoch zu dem herrlich dekorierten Prinzen mit weißem Beinkleid, vergoldeter Pumphose, glitzernder Weste und einer ausgesucht schönen Narrenkappe mit ganz langen Federn. Zusammen mit seinem etwas tiefer stehenden Gefolge wurde er nicht müde, das Fassenachtsvolk links, rechts, oben und unten winkend mit »Alaaf« zu begrüßen. Alle Augen waren auf ihn gerichtet.

»Haben wir nicht wieder einen gutaussehenden Prinzen? Ich glaub', der ist noch schöner als der beim letzten Umzug. Und so freundlich. Ich denke, das hat er von seinen Eltern, die sind doch auch immer so nett.«

»Die Familie von diesem Menschen scheint auch genügend Kohle zu haben. Ist ja kein billiges Vergnügen.«

Derartige Äußerungen voller Bewunderung unterstrichen den glanzvollen Abschluss des wunderbaren Zuges. Danach folgte nur noch der Besenwagen. Dessen Insassen wurden gar nicht mehr beachtet; sie durften ja nur den auf den Straßen liegenden Unrat flott wieder wegräumen.

Es kam auch schon mal vor, dass man sich Attraktionen von außerhalb dazu mietete, Abwechslung war wichtig. So tauchten in einem Jahr im Umzug zwei Esel auf, die man von einer Touristenörtlichkeit angefordert hatte. Für diese beiden war es hoffentlich eine angenehme Abwechslung, denn ihr Alltag bestand normalerweise darin, Kinder auf ihren Eselrücken einen Berg hinauf zu transportieren, um auf der Spitze eine Burganlage zu erkunden. Diese beiden Grautiere waren umringt von orientalisch gekleideten Menschen mit entsprechend bemalten Gesichtern und einer für unsere Ohren ungewöhnlichen Dudelmusik. Besonders für die Kinder waren die, im Volksmund als störrisch bezeichneten Tiere, ein besonderer Blickfang, denn eigene, vierbeinige Dorfesel gab es keine.

KAPITEL 30: GARTEN

Derartige Ereignisse wie ein Fassenachtsumzug mit Prinz und Gefolge waren dörfliche Höhepunkte, die selten stattfanden – nämlich, wie schon erwähnt, nur alle zwei Jahre –, und wurden daher von den Einheimischen ganz besonders wertgeschätzt und ausgiebig gefeiert.

Das Leben birgt aber nicht nur Freude, sondern bekanntlich auch Arbeit, Fürsorge, Mühe. Aber diese Dinge gehören nun mal zum Alltag und, wie es so heißt: Hauptsache gesund und zufrieden.

Wolfgang hatte, vertreten durch Mutter Inge, väterlicherseits einen etwas außerhalb des Ortes gelegenen Garten geerbt, den es regelmäßig zu bearbeiten galt. Hier gab es Apfelbäume, Beerensträucher, Gemüse, Tomaten, Erdbeeren und verschiedene Kräuter. Das ganze Areal war mit inzwischen verrostetem Stacheldraht niedrig umzäunt und durch ein kleines, abschließbares Türchen zugänglich gemacht. Diese Umrandung war alles andere als ein sicherer Schutz; es hatte, ehrlich gesagt, rein symbolischen Charakter, und jeder, der unbedingt reingewollt hätte, konnte das locker ausführen. Auch ohne den Einlass übers Türchen. Aber in der fast noch heilen Dorfwelt war das kein Thema. Man vertraute sich gegenseitig und alle passten aufeinander auf. Vorteilhaft war eine einfache, unauffällige Gartenhütte, selbst zusammengebaut, wo man ein paar Geräte deponieren konnte. Und ganz besonders wertvoll war der kleine Bach, der direkt neben dem schmalen Zugangsweg vor dem Gartentürchen entlangplätscherte. Er führte zwar nicht viel Wasser, aber mit einer Blechdose und etwas Geduld konnte man eine Kuhle buddeln, um so an dieser vertieften Stelle besser Wasser schöpfen zu können. Es dauerte demnach eine Weile, bis die Gießkanne voll war, um das dürstende Grünzeug im Garten wieder auf Vordermann zu bringen. Jedenfalls war die Nähe des Baches geradezu eine Glückssache – bis auf die Schnaken und Stechmücken, welche die Vorteile des Baches ebenso schätzten und mit unendlicher Ausdauer nach verschwitzter Menschenhaut schnupperten. Verdammt aufdringlich, diese kleinen Biester.

Hier im Garten war das Hauptbetätigungsfeld von Opa Willi, der immer bemüht war, bei seinem langen Fußweg bis zum Garten irgendein Gartengerät mitzuführen, damit auch alle deutlich sehen konnten, dass er nicht zum Vergnügen dahin marschierte, sondern zum Arbeiten. Es sollte keiner sagen:

»Guck mal, die Rentner, die haben's gut, hocken sich in den Garten und lassen den lieben Gott einen guten Mann sein. Und unsereins ...?«

Da Opa nicht mehr der Jüngste war, musste immer häufiger auch Wolfgang ran, wenn es zeitlich mit den Schulaufgaben und dem Klavierüben zu vereinbaren war. Der war allerdings nicht groß begeistert und hätte lieber mit seinen Kumpels gespielt, aber darauf wurde in dem Moment keine Rücksicht genommen. Bei sommerlichen Temperaturen musste gegossen werden, in der Erdbeerzeit war für den großgewachsenen Jungen das Bücken beim Pflücken auch nicht so stimulierend, genauso wie das kräftezehrende Ziehen der Einpflugschar. Damit wurden nebeneinander Furchen gezogen, um Setzkartoffeln reinzulegen. Alles lebensnotwendige und ehrenwerte Tätigkeiten. Wolfgang war mittlerweile stark genug, um das Teil gleichmäßig zu ziehen, während Opa dahinter die Führung und das Runterdrücken des Pfluges in die Erde übernahm. Wenn die Setzlinge in dem vorgegebenen Abstand verteilt waren, wurden sie wieder mit Erde abgedeckt (gehäufelt), in der Hoffnung, bei der Kartoffelernte schön gewachsene Knollen einbringen zu können. Auch beim herbstlichen Ernten der gelb und rot leuchtenden Äpfel war Wolfgang intensiv im Einsatz. Wobei er das Klettern in den Ästen oft der Leiter vorzog. Das reizte ihn mehr, und wenn der Pflückkorb nirgendwo gescheit zu befestigen war, zog er die dünnen Äste mit einem speziellen Pflückhaken näher ran und stopfte sich die Früchte auch in die ausgebeulten Hosentaschen. Zwischendurch waren durchaus Geschmackstests erlaubt. Es gab ja genug Früchte.

Eine unangenehme Bückarbeit war auch das Aufsammeln von Fallobst, meist Äpfel; doch hier gab es eine freudige, flüssige Perspektive. Wenn man nämlich einen Zentner zusammen hatte, konnte man diesen mit einem Handwagen (Opa hatte sich den jeweils ausgeliehen) an eine Sammelstelle bringen. Dort bekam man für das Sammelobst und einen Obolus von zehn DM später viele Flaschen (die genaue Zahl habe ich vergessen) wohlschmeckenden Apfelsaft. Ab da war die elende Bückerei und das Ziehen des schwer beladenen Handwagens eine steil ansteigende Straße hinauf schnell vergessen. Der Apfelsaft war frisch gepresst, ohne jegliche Zusätze, und schmeckte fantastisch.

Neben der Hilfe bei der Gartenarbeit blieb für Wolfgang erfreulicherweise aber auch immer mal Gelegenheit fürs Spielen. Am Bach standen viele urige, niedrig gewachsene Weidenbäume, auf denen man prima rumklettern konnte. Am liebsten suchte Wolfgang geeignete Äste aus, um sich mit einem Taschenmesser ›Sitze‹ zurechtzuschneiden. Nicht besonders bequeme, von der rauen Rinde befreite kräftige Äste, auf denen man eine Weile sitzend durchhielt, um sich ein wenig frei und ›erhöht‹ vorzukommen. Von hier konnte man prima vorbeigehende Leute beobachten und manchmal sogar durch komisch erzeugte Geräusche erschrecken, weil sie einen in dem Blätterwerk nicht entdeckt hatten. Wenn ein Freund dazukam, war der Spaß allerdings noch größer.

Das, was in späteren Jahren zunehmend anzutreffen war und als Normalität empfunden wurde, nämlich dass der Garten auch der Erholung diente, dem gemütlichen Kaffeetrinken oder Feiern, war zu der beschriebenen Zeit nahezu undenkbar. Der Garten war ausschließlich für die Ernährung gedacht, und man hätte ihn eigentlich auch ›kleines Feld‹ nennen können: eine definierte Ackerfläche für den Anbau von Nutzpflanzen und ein Eckchen Rasen, exakter als Grasfläche zu bezeichnen. Es wurde dort umgegraben, gepflanzt, gewässert, geschnitten, Unkraut gerupft, geerntet, abtransportiert, direkt verbraucht oder zu Hause im Keller gelagert. Apfelmus, eingelegte Pflaumen, Bohnen- und Erbseneintopf, Sauerkraut, Erdbeermarmelade und Johannisbeergelee sind nur einige, für die Verpflegung wichtige und leckere Beispiele als Ergebnis der mühsamen, aber wichtigen Gartenarbeit.

Ich denke, dieser später tolerante Umgang mit der Gartennutzung, egal ob als Anbaufläche oder hauptsächlich der Erholung dienend, war das Ergebnis von zugezogenen, jüngeren Leuten, die nicht aus dem bäuerlichen Stand kamen, und sich ein Gärtchen pachteten, um ein Stück Freiheit mehr zu haben.

Kapitel 31: Gymnasium

Die Volksschule war für Wolfgang zu Ende gegangen und mit dem Gymnasiumbesuch in der Stadt gab es einen neuen Lebensabschnitt. Viele Änderungen kamen auf Mutter und Sohn hinzu. Kein Parallelunterricht mehr für zwei, drei Jahrgänge in nur einem Klassenraum, dafür ein Sexta-Auftakt mit ganz vielen Schülern. Das wurde aber bald optimiert durch eine neue Klassenaufteilung in A – B – C. Und im Gegensatz zu den meisten anderen Gymnasien, die mit Englisch starteten, wurde Französisch als erste Fremdsprache gewählt. Das machte Sinn, da 1945 die Besatzungshoheit von den Amerikanern auf die Franzosen übergegangen war und seitdem zahlreiche französische Familien hier ihr Zuhause fanden.

Ab sofort klingelte der Wecker für Mutter Inge um 6:15 Uhr und der Sohnemann wurde von der Mutter um 6:30 Uhr vorsichtig angestupst mit den Worten:

»Zeit zum Aufstehen. Mach dich wach!«

Das war morgens der Standardsatz, der trotz ständiger, werktäglicher Wiederholung seine Wirkung zeigte. Nicht dass der Verschlafene wie eine Sprungfeder hochschoss, aber immerhin nach zwei, drei Minuten langsam in die Senkrechte kam, denn der Bus wartete nicht. Und der kam pünktlich um 7:10 Uhr. Wenn er den verpasste, war es mit dem Schultag gelaufen, da der nächste Bus erst wieder gegen Mittag fuhr. Wenn es zeitlich mal wieder äußerst knapp war, musste er zum Erreichen der Haltestelle richtig Gas geben. Einen Vorteil gab es im Winter. Da es um diese frühe Uhrzeit noch richtig dunkel war, konnte er hinter der letzten Kurve sehen, wenn der Lichtkegel der großen Scheinwerfer auftauchte. Dann stiegen die Leute ein und er hatte ein Gefühl dafür entwickelt, wie schnell er sich bewegen musste, um noch mitzukommen.

Im Bus saßen dann fast ausschließlich Angestellte und Schüler. Leute, die ihren Beruf in der Stadt ausübten und

Schüler, die zur Realschule, zum Gymnasium, zur Privat-schule und Berufsschule fuhren. Die Arbeiter hatten ihr Betätigungsfeld größtenteils in der nahen Umgebung des Heimatdorfes und waren seltene Gäste im Stadtbus.

Die Herren nutzten meist eine Zeitung oder andere Lektüre zur Überbrückung der halbstündigen Fahrzeit. Bei den Damen war es keine Seltenheit, dass sie mit einem Kopftuch über den Lockenwicklern und den noch nassen Haaren in die Sitze fielen, hoffend, dass die Kopfpracht bei der Ankunft in der Stadt einigermaßen getrocknet war. Den kleinen Rest konnte gegebenenfalls noch der leichte Wind während des Fußmarsches zur Arbeitsstelle erledi-gen. Aber das alles war irgendwann Normalität und kei-ner fand das befremdend, denn jeder auf seine Art brauch-te diese Zeit, um die noch etwas müden Lebensgeister zu wecken.

Wenn alle ihren Platz gefunden hatten und der Bus ge-startet war, setzte sich langsam der uniformierte Schaff-ner in Bewegung. Diesen Beruf gab es bei Bussen und bei der Eisenbahn, also öffentlichen Verkehrsunternehmen. Der Schaffner war gleichzeitig Verkäufer, Kontrolleur und Begleiter. Bei ihm konnte man Fahrkarten käuflich erwerben, er kontrollierte die Monatskarten, welche die meisten Dauerfahrer besaßen, und knipste diese zum Ent-werten mit einer Lochzange. Vor seinem Bauch baumelte die Schaffnertasche, kombiniert mit einem Geldwechsler. Hier verschwanden Scheine und es klapperten die Mün-zen. Bei Problemen und Wünschen war er der richtige An-sprechpartner, und der Fahrer konnte sich auf seine Kern-kompetenz, das sorgfältige Busfahren, konzentrieren.

Die Schüler versuchten noch im letzten Moment, ihre Vokabeln im Hirn zu verankern. Oft genug wurde der Bus an den nächsten Haltestellen so voll, dass sie, wie von den Eltern angehalten, für die Älteren frei-willig ihren Sitzplatz anboten. Dann standen sie meist im hinteren Gang, mit einer Hand in der Nähe eines

Haltegriffs, und es kam die wichtige Entscheidung: Kartenspielen oder Knobeln? Das Kartenspielen hatte den Nachteil, dass man zwischendurch beide Hände brauchte und beim plötzlichen Bremsen einen Satz nach vorne machte, wenn man nicht sofort den Haltegriff oder die an der Decke befindliche Haltestange erwischte. Da hatte das Knobeln den Vorteil, dass man drei in verschiedene Längen gekürzte Streichhölzer mit nur einer Hand in der Jacken- oder Hosentasche verstecken konnte. Mit der freien Hand krallte man sich am Griff fest. So hatte man gleichzeitig drei erfreuliche Tatbestände geschaffen. Man hatte Älteren einen Sitzplatz überlassen, das Knobeln war spannend und die Schleudergefahr war durch eine Hand ständig am Griff gebannt. So konnte die Busfahrt zielführend genutzt werden.

Schlecht war es im wahrsten Sinne des Wortes für Wolfgang, wenn er entspannt in einer Zweierbank Platz nehmen konnte und dabei in ein Heft oder Buch schaute. Es war insofern schlecht, da es ihm öfter ›schlecht‹ wurde. Und zwar nicht zu knapp. Der von seiner Mutter um Rat gefragte Hausarzt hatte den folgenden Vorschlag:

»Ihr Sohn sollte versuchen, sich dicht hinter oder neben dem Busfahrer aufzuhalten und mit den Augen die Fahrtrichtung mitzuverfolgen, besonders in den Kurven. Dann kann das Gehirn die Bewegungsabläufe besser koordinieren. Die Augen sowie die Muskulatur und das Gleichgewichtsorgan sind im besseren Einklang. Also nicht stur auf einen Gegenstand wie zum Beispiel ein Buch starren. Einfach mal versuchen. Meistens hilft das schon.«

Das gab die Mutter dem Jungen in groben Zügen weiter, und wann immer es die Situation ermöglichte, versuchte er in die Nähe des Fahrers zu kommen. Es ging deutlich besser, wenn er, von einem Fensterplatz aus, die Fahrt quasi mitverfolgte – ohne Blick in eine Lektüre.

Es kam auch vor, dass ein älterer Schüler einem jüngeren in freundlichem und höflichem Ton die Frage stellte:

»Kannst du mir bitte im Burgtheater eine Kinokarte fürs Wochenende, Samstag oder Sonntag besorgen? Für nachmittags oder abends. Ich komme leider nicht dazu, muss gerade viele Arbeiten schreiben. Ich geb' dir auch morgen das Geld.«

Es war eine nette Anfrage, die entgegenkommend mit einem »Ja, mach ich gerne«, erfüllt wurde.

Es war doch eine Ehre, für die größeren und schlaueren Gymnasiasten etwas erledigen zu dürfen. Sowas gab es tatsächlich mal und der anerzogene Respekt vor Älteren fand seinen Weg bis in die Schülerschaft. Wie immer bestätigten auch hier Ausnahmen die Regel.

Eine Überraschung gleich zu Anfang des Wechsels zur Oberschule gab es in Form eines Jubiläums. Die Schulgründung vor einhundert Jahren. Das musste gefeiert werden. Es hat jetzt wenig mit dem Thema Busfahren gemein, es war ein Ereignis ganz anderer Art.

Die Lehranstalt, ursprünglich gestartet als Städtische Gewerbeschule, hatte sich im Laufe der hundert Jahre zu einem ›Neusprachlichen Gymnasium‹ entwickelt. Anlässlich der 100-Jahr-Feier hatte man sich was ganz Besonderes einfallen lassen. Eine Schiffstour mit der gesamten Lehrer- und Schülerschaft ins ›Obere Mittelrheintal‹ zum 132m hohen Loreleyfelsen. Keine leichte Organisationsaufgabe mit hunderten Halbwüchsigen und vielen aufgekratzten Lehrern. Auf dem bekannten und viel besungenen Felsen mit Rheinblick wurde im Amphitheater auf dem Felsplateau ein Klassiker, ich meine, es handelte sich um ›Wilhelm Tell‹, aufgeführt. So genau wusste es auch Wolfgang nicht mehr, denn die Sonne knallte dermaßen unbarmherzig auf die nicht überdachte Bühne nieder, dass die Konzentration auf das Theatergeschehen schnell den Geist aufgab. Die Rückfahrt mit dem großen, weißen Dampfer wurde rechtschaffen fröhlich und die im Körper angestaute Hitze musste kräftig begossen werden. Bei den vielen Zweibeinern, egal ob jung oder alt, machte keiner Alkoholkontrollen und man konnte das Ergebnis beim Aussteigen hier und da deutlich erkennen. Irgendwo machte sogar zwischen einem Lehrkörper und Schülern das Duzen die Runde. Davon war jedoch beim nächsten Schultag erwartungsgemäß keine Rede mehr.

Der Ausflug mit dem weißen Dampfer war ein außergewöhnliches Ereignis, was die Vermutung hätte nahelegen können, dass es in Zukunft ab und zu mal solche Höhepunkte in der ›Hohen Schule‹ geben könnte. Von wegen – es war ein Unikat. Im grauen Schüleralltag ging es dann wieder rasant los mit den üblichen Verdächtigen wie Mathe, Bio, Geo, Französisch …

Zwei besondere Begebenheiten in Sachen Schulfahrt sind Wolfgang bis heute in Erinnerung geblieben. Es war Winter, mit selten zu sehender weißer Pracht auf den Feldern, den Häusern und den Straßen.

Ein neuer, junger, und immer gut gelaunter Busfahrer war mittags mit ausschließlich Schülern auf der Heimfahrt in die verschiedenen Ortschaften unterwegs. Vermutlich wegen mangelnder Erfahrung mit einer schneebedeckten und angefrorenen Straße trat er bei einem entgegenkommenden Fahrzeug zu heftig auf die Bremse und … der große Personentransporter rutschte in den Graben.

Ein Aufschrei und ein Runterpurzeln von der letzten Bank waren das Ergebnis. Und was für ein Glück im Unglück! Ein kleiner Baum am Straßenrand hatte es geschafft, den Riesen abzufangen und ihn schräg in der Landschaft zum Stehen zu bringen.

»Um Himmels willen! Ist jemand verletzt? Tut mir so leid! Keine Ahnung, wie das passieren konnte!«

Der verstörte Fahrer war kreidebleich und brauchte erstmal Zeit zum Durchatmen. Nach einer ganzen Weile, in der auch die Schüler den Schrecken verkraften mussten und überlegten, wie es nun weitergeht, meldete sich der Fahrer wieder:

»Ja, das ist jetzt wirklich blöd gelaufen. Leider habe ich keine Möglichkeit, einen Ersatzbus zu bekommen, wie auch? Es sei denn, wir warten alle, bis der nächste Kollege in schätzungsweise drei Stunden mit seinem Bus vorbeikommt. Also würde ich sagen, ihr seid jung und fit, steigt alle aus und macht euch auf die Socken. Die restlichen Kilometer bis nach Hause werdet ihr schon schaffen. Nochmal. Es tut mir außerordentlich leid!«

Es breitete sich im Bus nochmal ein deutliches Brummen und Stöhnen aus, aber zu guter Letzt zogen sich die Schüler ihre Jacken an, schnappten sich die Taschen und machten sich auf den winterlichen Weg. Wann und wie der Bus wieder auf die Straße kam, wurde nicht bekannt.

Die Busfahrten hin zur Schule und zurück nach Hause hatten ab und zu auch einen leicht abenteuerlichen Charakter. Es war auch wieder ein kalter Wintertag mit einem im Rheinland nicht zu oft stattfindenden mittleren Schneefall, der langsam mehr wurde. Der Bus war mit seinen kräftigen Winterreifen gut durchgekommen und hatte alle Mitfahrenden heil in der Stadt abgeliefert. Der Fußweg von der Haltestelle bis zum ›Gym‹ war nicht allzu weit und die Lernbegierigen erfreuten sich, in der Klasse angekommen, an der wohligen Wärme. Kurz nach acht erschien mit dickem Wollschal der Klassenlehrer, baute sich neben seinem Pult auf, um zu verkünden:

»Bitte mal alle herhören. Heute haben wir endlich den lang ersehnten Schnee bekommen. Alles ist herrlich weiß und selbst der übliche Verkehrslärm wirkt gedämpfter. Ich denke, ihr freut euch genauso wie ich. So stelle ich mir ein Weihnachtsfest vor. Aber bis dahin … na ja. Jedenfalls ein Lichtblick – besser gesagt – Schneeblick nach den langen, trüben Wochen. Kurzum, ich habe eben mit dem Herrn Direktor und einigen Lehrerkollegen zusammengesessen und wir haben Folgendes beschlossen: Wir schenken und gönnen euch heute einen freien Tag, einen freien

Schneetag. Ist das nix? Sachen packen, Jacken, Handschuhe und Mützen an und nichts wie weg!«

Beifall und Freudengeschrei erfüllten den Raum. Geräuschvoll und schnell wie nie leerte sich der Raum und alle rannten in verschiedenen Richtungen nach Hause.

Wolfgang guckte komisch aus der Wäsche. Wo sollte er hin? Was konnte er jetzt hier machen? Es war viertel nach acht. Der Bus in Richtung Heimat fuhr erst gegen Mittag. Wie konnte er sich da freuen? Bei der Kälte rumlaufen, auf die Armbanduhr schauen, weiter rumlaufen, Schaufenster gucken, frieren, wieder die Uhr anstarren, weiterlaufen, langsam hungrig werden …

Nach einer gefühlten Ewigkeit tauchte gegen Mittag endlich mit schneebedecktem Dach und halb zugeschneiten Scheinwerfern der gelbe Bus auf. Die halbstündige Heimfahrt begann und ihm war klar, dass nach der Ankunft, dem kurzen Heimweg, dem Mittagessen und einigen noch zu erledigenden Aufgaben nicht mehr viel Zeit übrigblieb, um den freudig vom Lehrer verkündeten freien Schneetag zu genießen.

KAPITEL 32: DORF UND STADT

Das Busfahren war lediglich ein kleiner Teil der Veränderungen durch den Schulwechsel.

Das Klickerspielen, das Basteln mit Pappdeckeln und die Laubsägearbeiten hatten sich schon lange erledigt. Geblieben waren Fußball und Tischtennisspielen, Karten spielen mit Kumpels und manchmal ›Mühle‹ und ›Dame‹ mit Opa und Oma sowie in der Adventszeit Landschaften und Häuschen bauen für die Elektrische Eisenbahn. Anstelle des Wellensittichs Hansi saßen jetzt zwei Zebrafinken im Käfig und im Flur stand ein kleines Vollglasaquarium, das wegen mangelnder Heizung und der geringen Größe nur eine bescheidene Zierfischauswahl zuließ. Wolfgang wählte Guppys und Kardinalfische, die waren farbenfroh, beweglich und relativ anspruchslos. Zu der Tiersammlung gehörten auch mal ein paar Molche, die er in einem Tümpel entdeckt und nach Hause befördert hatte. Aber da schien ihn die Erfahrung in der Tierhaltung verlassen zu haben, die armen Kerle überlebten nicht lange. Irgendwelche Kleintiere mussten immer herhalten, vielleicht ja, da er ein Einzelkind war.

Sein ständiger Begleiter war auf alle Fälle das Klavier. Neben den Klassikern verschmähte er auch nicht die reinen Übungsstücke zur Verbesserung der Fingertechnik. Er sah ein, dass das einfach wichtig war und zum Fortschritt dazugehörte. Immer mehr reizte ihn aber auch, die im Radio täglich gesendeten Schlager nachzuspielen. Ohne Noten, einfach nach Gehör. Das war eine prima Übung, die ihn, wenn er die Stücke ›drauf‹ hatte, auch dahin brachten, die Melodien und gelegentlich den Rhythmus zu variieren, also zu improvisieren. Eine Spielart, die er bis in die späten Jahre liebte und beibehielt. Hauptsächlich im Bereich Jazz.

Die Zeit im Gymnasium brachte doch etliche Umstellungen mit sich. Es gab jetzt viel mehr Kontakte zu den neuen Mitschülern, die meist aus anderen Verhältnissen kamen als die Kumpels im Dorf. Man kann nicht sagen besser, aber anders. Sie kamen oft aus Beamten- und Angestelltenfamilien und hatten als Städter andere Alltagsbilder und Gewohnheiten entwickelt als Dorfbewohner. Und es war nicht besonders taktvoll, wenn der ein oder andere Mitschüler einen das auch gerne spüren ließ. Da half nur, schnell ein Selbstbewusstsein aufzubauen und deutlich zu machen, dass auch die Erfahrung vom Landleben Vorteile hatte. Einige hatten es kapiert, andere nicht, oder sie wollten es nicht.

Wolfgang jedenfalls verfolgte den neu eingeschlagenen Weg, pendelte viele Jahre zwischen dem Dorf, in dem er die ersten Jahre als Kind verbracht hatte und der Stadt, wo ein zeitlich entscheidender Teil seiner Jugend heranreifte.

Manchmal kam ihm der Gedanke, dass es gar nicht so schlecht ist, beide Lebensarten zu kennen. Wie alles im Leben gilt auch hier:

Fast jedes Ding hat Vor- und Nachteile. Anders ausgedrückt: Jedes Ding hat zwei Seiten.

Jeder Ort, sei es Dorf oder Stadt, ist ein bisschen wie viele andere, bis auf seine oder ihre Eigenheiten.

Als ›alter Newcomer‹ in der Literatur bedanke ich mich besonders bei meinem Lektor, Herrn Daniel Santosi, der mir aufmerksam und geduldig zugehört und mir wichtige Tipps für die Ausführung dieses Buches mit dem Genre ›Memoir‹ gegeben hat.

JOACHIM SCHRÖDER
Es begab
sich dereinst
im Eifelland ...
Eefeler Verzellcher Band I

2. Auflage
222 Seiten, 15,00 EUR
ISBN: 978-3-96123-021-1

Joachim Schröder hat im ersten Band seiner »Eefeler Verzell-cher« ein wahres »Schatzkästlein« an Eifeler Sprüchen, Rätseln, Geschichten und Geschichtchen zusammengestellt. Eifeler Steckelcher und Verzellcher, das meint nichts anderes als Erzählstücke, die in der Eifel seit frühester Zeit mündlich überliefert wurden und noch immer werden. Sie bezaubern durch Originalität, die richtige sprachliche Würze und oft genug eine gewisse Derbheit. Die Eefeler Verzellcher sen nu mol wie se sen: hart, aber herzlich.

GERTRUD MÜLLEN

Der weite Weg zum Markt

Eine Eifeler Bäuerin berichtet
aus ihrem Leben

182 Seiten, 15,00 EUR

ISBN: 978-3-96123-038-9

K leine« Erzählungen sind immer Bestandteil einer »großen« Geschichte. Die hier gesammelten und mit erläuternden Passagen ihres Enkelsohnes Wolfgang Weil ergänzten Berichte von Gertrud Müllen schildern den harten bäuerlichen Alltag in den beiden am südlichen Rand der Vulkaneifel gelegenen Dörfern Filz und Lutzerath, von den 1910ern bis in die 1960er Jahre hinein. Sie wurden weitgehend wörtlich aus dem Dialekt ins Hochdeutsche übersetzt und zeigen das ungeschminkte Bild des dörflichen Lebens in jener Zeit: Manchmal ausgelassene Lebensfreude, aber vorwiegend Mühsal, Arbeit, Brauchtum und Not.

Gertrud Müllens Erinnerungen zeugen von gewaltigen Umbrüchen im Leben der »einfachen« Landbevölkerung in der Eifel im zwanzigsten Jahrhundert, in dessen Verlauf die feudale Ordnung bereits weitgehend zerstört, die neue bürgerliche Marktordnung sich aber noch nicht gänzlich und in jedem Winkel durchgesetzt hatte. Dieser weite Weg zum Markt ist die »große« Geschichte, die sich in vergleichbar einfacher Sprache, aber größter Anschaulichkeit entfaltet.